W0180011

Hydra [Hrsg.] ist ein seit 2007 tätiges Wiener Satirekombinat, das bereits zahlreiche Bücher veröffentlicht hat, etwa die beliebte Philosophieeinführung „Die unfrisiertesten Philosophen aller Zeiten", den Lebensratgeber „Wie werfe ich Zucker ins Weltall" oder die Wutbürgeraktivierungsfibel „Dieses Buch macht dich fertig!". Ein breites Medienecho rief der provokante Reiseführer „Wien, wie es wirklich scheint" hervor. Daneben unterhält die Gruppe sich und ihre LeserInnen unregelmäßig mit satirischen Stadttouren. All das und noch mehr finden Sie auf *hydrazine.at*

Hydra

HOW TO BE ÖSTERREICH

Der Werteguide für Integrationswillige

Milena

Inhalt

Dieses Buch richtet sich an

Flüchtlinge, MigrantInnen, Neuzuwanderer, Tourist°innen, Piefkes, Saisoniers, BinnenmigrantInnen, Pendler und Pendlerinnen; BurgenländerInnen, SüdtirolerInnen und andere Autonome; Zuagraste, DiplomatInnen und deren Kinder; Ex-Pats, Auslandsösterreicher_innen, ÖsterreicherInnen, die länger als drei Monate auf einer Bohrinsel tätig waren; Fans von American Football, Golf und Squash; Österreicher_innen, denen der Begriff „Teppanyaki" geläufiger ist als „Tilsiter"; globale Sissi-VersteherInnen und Sound-of-Music-Hardliner; alle Menschen, die in Mödling nicht ohne Begleitung ins Bad dürfen; steirische Eichen, Felix Baumgartner und nicht zuletzt Adolf Gabalier ... natürlich stets, sofern ein Deutschkurs auf A1-Niveau absolviert wurde.

Apropos: Um die Vielfalt von Geschlechteridentitätsdiskursen abzubilden, haben wir uns entschieden, die Sensibilität in Schreibweisen willkürlich Niederschlag finden zu lassen. Ordnen Sie sich bitte im Kontinuum ein!

Vorwort

Früh soll sich üben, wer Neo-Österreicher werden will! Geht es nach manchem Politiker, sollen Flüchtlinge bereits in ihrer Heimat Deutsch lernen. Wer das versäumt hat, denke bitte spätestens am Grenzzaun – Verzeihung, an der „baulichen Maßnahme in Grenznähe" – über Integration und Vorbildlichkeit, über Nostrifizierungsmaßnahmen und Selbstoptimierung nach. Und wer ohne all diese vorbereitenden Maßnahmen hier gelandet ist, für den gibt das Innenministerium einen „Refugee-Guide" heraus, der vom Krieg traumatisierte Menschen zu Vorzeigeösterreichern machen soll.

Woher kommt eigentlich der Irrglaube, dass Flüchtlinge und Migranten mindestens so gut wie wir Österreicher sein müssen – wenn nicht noch viel besser!? Was ja eigentlich gar nicht geht, aber sie könnten es wenigstens probieren? Sie könnten wenigstens zeigen, dass sie auch gerne aus gutem, alteuropäischem Holz geschnitzt sind? Ja, ja, träumt ruhig weiter! Wenn sich Flüchtlinge schon uns Österreicher zum Vorbild nehmen sollen, dann bitte unser wahres Selbstverständnis, unsere wahren Werte.

Genau darum geht es in diesem Werteguide. Mit Hilfe dieses Buchs soll es gelingen, Flüchtlinge weniger zu Vorzeige-, vielmehr zu Alltagsösterreichern zu machen. Denn nur das wäre gerecht. Ob das allerdings ein so von Gott gewollter Zustand ist, sei dahingestellt. Auf jeden Fall empfehlen wir dieses Buch auch allen Österreichern selbst – schließlich kann man nie ganz sicher sein, ob man als Österreicher überhaupt österreichisch genug ist.

In diesem und vielen anderen Sinnen viel Spaß
wünscht Ihnen das Satirekombinat Hydra

Werteguide Österreich

Die wichtigsten österreichischen Werte im Überblick

Der österreichische Weg: Eine Hand wäscht die andere.

Schlagen ist in Österreich nur mit links erlaubt.

Überall in Österreich gilt: Wer Tauben füttert, füttert Ratten!

Vorsicht vor diesem Mann! Vor allem, wenn er einen Keller hat.

Hier fliegen gleich
die Löcher aus dem
Käse!

Handys besitzen nur österr.
Staatsbürger, für Ausländer
gibt's Bananen.

Psst, schlimme Dinge
behält man in Österreich
für sich!

Das österreichische Gesetz
ist unbestechlich. Nahezu.

Werteguide Österreich

Die wichtigsten österreichischen Werte im Überblick

Den Österreichern ist alles gleich.

In Österreich sind nicht alle gleich.

Auszug aus der österr. Toilettenverordnung: Licht in der Nacht mitnehmen, wenn Sie aufs stille Örtchen gehen!

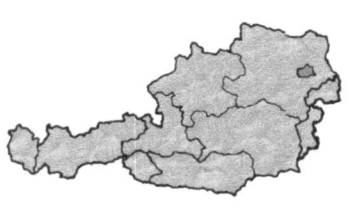

Das ist ein Schnitzel, der vielleicht wichtigste Wert in Österreich.

Achtung:
Tony Wegas!

Aber keine Sorge:
Die Polizei hilft!

Geschwisterliebe ist in
Österreich erlaubt,
Homosexualität eher nicht.

Uups, Layoutfehler.

Werteguide Österreich

Was dem Österreicher heilig ist:

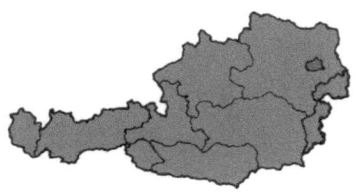

Die österreichischen
Grenzen (von 1278)

Das Einfamilienhaus

Das stille Örtchen

Jeder dahergelaufene
Vierbeiner

Werteguide Österreich

Die Berge

Das Sparbuch

Das klare Wasser

Der kleine Mann

Und vor allem natürlich: „seine Ruhe!"

Alkohol

[Al|ko|hol], der, keine Mz.

Papst Paul VI. bezeichnete Österreich als eine Insel der Weinseligen – er muss es wissen, schließlich trinken Pfaffen bekanntlich bei der Arbeit. Nicht von ungefähr sagte auch Papst Benedikt XVI. von sich, er wäre ein einfacher Trinker im Weingarten des Herrn. Fakt ist: Wenn man in Österreich von Alkohol spricht, meint man Getränke mit einem Alkoholgehalt von über 15 Volumsprozent. Wein und Bier zählt man zu den Erfrischungstränken, speziell im Sommer. Der Übergang vom Saft zum Gerstensaft ist kinderfreundlich gestaltet. Man nennt Spirituosen für Jugendliche liebevoll Alkopops, und harmlose Getränke werden in blumiger Sprache als Radler oder Kaiserspritzer bezeichnet. Was nach dem Kaiser oder dem Sport klingt, kann schließlich nicht schädlich oder gar ungesund sein. Überhaupt mag's der Österreicher gerne blumig, z.B. das Bouquet vom Rotwein; das Bouquet von der Tankstelle, mit dem man sich bei der Liebsten für die „Pizza" vor der Haustüre entschuldigt; die blumigen Ausreden, die man dem Verkehrspolizisten bei der Kontrolle kredenzt, wenn man sich womöglich doch über das Maß erfrischt hat.

*Sogar Wien wird durch simple Selbstlautverschiebung zum Erfrischungsgetränk!

Um dem nationalen Erfrischungshobby gerecht zu werden, wurden in der Vergangenheit einige Städte nach Getränken benannt, z. B. Zipf, Göss, Schwechat, Stiegl oder der 16. Gemeindebezirk Weins*: Ottakring. Ja, schon die alten Römer wussten die Gastfreundschaft der Wiener zu schätzen. Die lateinische Bezeichnung für Wien (Vindobona) lässt sich herleiten von „vinum bonum", dem guten Wein. Auch heute noch gilt eine Flasche Wein als „Türöffner", nicht nur in der Nachbarschaft, sondern überall, wo der ungelernte Österreicher warten muss, z.B. im Krankenhaus, beim Arzt, am Amt oder in der Schlange vor dem Bierstandl.

Alufolie

[Pen|si|o|nis|ten|sil|ber], das, keine Mz.

1. Breiten Sie hier ein Stück Alufolie aus.

2. Legen Sie ein noch brutzelndes Brathendl, eine Haarlocke von Conchita Wurst oder sonst etwas Warmes hin.°

3. Wickeln Sie das gute Teil in die Alufolie ein.

4. Fahren Sie damit nach San Francisco.

5. Packen Sie dort das Hendl oder das warme Etwas aus und schauen Sie, ob es noch warm ist.°°

6. Was, das machen Sie nicht? So eine Reise ist Ihnen viel zu teuer!? Und überhaupt fahren Sie für einen lausigen Schwulenwitz nicht nach San Francisco? Auch dann nicht, wenn Sie Franz heißen? Sie packen ja auch das Essen beim Wirten lieber ein, als dass Sie es verkommen lassen würden?

Fazit: Offenbar von den Kühen abgeschaut hat sich der Österreicher die Angewohnheit, dass man Sachen öfter als einmal essen kann (→ *Wiederbetätigung*). Werte muss man bewahren, auch unser Fleisch heben wir daher gerne noch ein bisschen auf (vgl. Ötzi). Hierzulande wird eben nichts so heiß gegessen wie gekocht. Zumindest nichts, das man beim Wirten noch einpacken lassen kann.

° → *Entschuldigen* Sie bitte diesen Witz!

°° Merke: In Österreich fühlt man mit den Augen.

Anstand

[An|stand], der, keine Mz.

Anstand ist eine Tugend, die der Österreicher sehr schätzt. Sie beschreibt die bedingungslose Einhaltung von Regeln und Verpflichtungen, die im geordneten Leben des Österreichers einen wichtigen Platz einnehmen. Der Anstand geht einher mit anderen Werten wie → *Höflichkeit*, Ehrlichkeit oder → *Rücksichtnahme* und wird oft nahezu synonym mit diesen Begriffen verwendet.

Wartet der Österreicher an der Kassa, so macht er das anständig in der Reihe. Erfüllt er eine vom Chef aufgetragene Aufgabe, so tut er das anständig (um unmittelbar danach bei den Kollegen anständig über den Chef auszuhauen). Auch in Liebesdingen gibt er sich anständig und macht nicht mehr, als seinen ehelichen Pflichten nachzukommen. Und natürlich besäuft er sich hin und wieder ganz anständig.

Was aber den Gebrauch des Wertes Anstand in Österreich auszeichnet und von der Masse anderer, oft vermeintlich ähnlicher Werte abhebt: Man kann ihn mühelos ins Gegenteil verkehren, ohne dabei den Sinn der Aussage zu verändern. Denn natürlich warten anständige Österreicher *anstandlos* an der Kassa, erledigen *anstandlos* aufgetragene Arbeiten und kommen freilich auch *anstandlos* allen ehelichen Pflichten nach. Alles andere wäre ja unanständig.

Hier können Sie also auch als Neuankömmling gar nichts falsch machen: Ob Sie nun Anstand zeigen oder die Dinge anstandslos anpacken – in den Augen der Österreicher sind Sie stets auf der Siegerseite.

Antisemitismus

[Anti|semi|tis|mus], der, -ismen

Jetzt reden wir einmal Tacheles: Herr Österreicher und seine Gattin sind keine Antisemit_innen, nur Antisemitläufer_innen. Im Grund hat der Antisemitismus mit Österreich nichts zu tun, weil es hier nie Jüd_innen gab. Deswegen zahlen die auch keine Steuern. Und das neiden wir ihnen.

Sie, liebe ausländische Leser_innen, zahlen auch keine Steuern, weil Sie nicht arbeiten dürfen oder wollen oder können. Trotzdem sollten Sie den Jüd_innen auch etwas neiden, vielleicht den Felsendom? Oder Jerusalem, Israe... Entschuldigung, Palästina. Sie können ihnen auch den Einfluss auf Medien oder die Finanzwirtschaft neiden, das tun wir auch, sagen es aber nicht gern. Wichtig in Österreich ist, dass es keinen Antisemitismus gibt, wir nicht darüber reden und es Jüd_innen nie gab. Sie wissen schon, zwinkerzwinker, was es dann auch nicht gegeben haben kann.

Hierzulande spricht man stattdessen von Wucherer_innen, Heuschrecken, der Ostküste oder einfach den USA. 25 % der Österreicher_innen wollen nicht neben einem Juden leben. Das ist kein Schlamassel, sondern eine Masn. Jüd_innen gibt es nämlich gar nicht, zumindest nicht die Jüd_innen, neben denen niemand wohnen will. 75 % wollen auch nicht neben MigrantInnen leben. In dieser Hinsicht können Sie sich Ihre Nachbar_innenschaft also durchaus aussuchen.

Arschkriechen

[Arsch|krie|chen], das, keine Mz.

In Österreich erfolgt gesellschaftlicher Aufstieg oft nicht vertikal, sondern rektal. Arschkriechen (auch Popolismus genannt) ist in unserem Land eine alltägliche soziale Praxis. Sie sollten Ihr Gegenüber als mögliches soziales Kapital sehen, in das man gerne investiert, also „einikräult" (ugs).

Arschkriechen wirkt wie emotionale K.o.-Tropfen. Durch einen Cocktail aus Schleimerei, Anbiederung und → *Freundlichkeit* (alles vorgetäuscht, seien Sie kreativ!) macht man sein soziales Umfeld gefügig. Neuankömmlingen, die in Österreich weder über Kontakte noch über Netzwerke verfügen, sei die sofortige Einübung ins Arschkriechen empfohlen – vor allem aus beruflichen Gründen. Denn die eigentliche Wirtschaftsform Österreichs ist die → *Freunderlwirtschaft*. So hat sich in großen Teilen der Bevölkerung eine Grundbereitschaft zum Arschkriechen entwickelt (#Zäpfchen-Mentalität). Motto: Besser ein gut versorgter Bandwurm in einem hohen Tier, als der Wurmfortsatz des Arbeitsmarktes.

Doch Vorsicht: Nicht jeder Popo ist es wert, bekrochen zu werden. Natürlich bringt ein armer After weniger als ein CE-Oarsch. Deshalb auch die österreichische → *Titelgeilheit*: Ein Titel zeigt sofort an, welcher Hintern gewinnbringend bewohnt werden kann. Und nichts ist entwürdigender, als in den falschen Arsch gekrochen zu sein.

Dabei stets beachten: Ziehen Sie später hinterfotzig über die Person her, der Sie eben noch hinten rein sind. Wichtig für die Psychohygiene!

Atomabstinenz

[A|tom|ab|sti|nenz], die, -en

Die Atomabstinenz ist die einzige in Österreich sozial anerkannte Abstinenz und meint die Ablehnung von Atomenergie, die in Österreich lange Tradition hat, weil man die Gründe für Atomstrom leicht an allen 12 Fingern abzählen kann. Versuche, eine Kennzeichnungspflicht für Atome einzuführen, scheiterten letzlich an der Frage, nach welchem Beamtenschema die AtominspektorInnen zu bezahlen wären. Die öffentlich geführte Debatte sorgte jedoch dafür, dass die Menschen scharfe Augen dafür bekamen, was Atom ist – und was nicht. 1978 hat sich die österr. Bevölkerung in einer Volksabstimmung mit knapper Mehrheit gegen die Inbetriebnahme eines bereits errichteten Atomkraftwerks im niederösterreichischen Zwentendorf ausgesprochen und das, obwohl sogar der damalige Sonnenkönig von Österreich dafür war. Die Katastrophe von Tschernobyl 1986 tat ihr Übriges dazu.

Zwar fließt natürlich auch aus österreichischen Steckdosen Atomstrom, da für ausländische Atome noch keine Obergrenzen eingeführt wurden, aber dafür haben wir keine Atomkraftwerke. Da halten wir es ähnlich wie mit Einrichtungen der Suchthilfe oder Notschlafstellen für Wohnungslose. Natürlich soll es die geben, aber bitte nicht bei uns, sondern in sicherer Entfernung, am besten im Ausland. Ausländische Atome erkennen wir nämlich sofort!

Atomkraftwerke sind schlimm, Atomkraft ist Teufelszeug, überhaupt alles, was mit Atomen zu tun hat, ist abzulehnen. Schlimmer als Atome sind nur noch Gene, vor allem im Essen.

Belesenheit

[Be|le|sen|heit], die, keine Mz.

Lesen ist eigentlich eine schöne Beschäftigung. Wenn im Leben nicht viel passiert, hilft uns die Literatur dabei, unsere Fantasie anzuregen und uns eine schönere Welt vorzustellen. Was liest man also in Österreich? Einige Menschen, aber nur in größeren Städten, lesen ab und zu ein Buch. Das kauft man in einer Buchhandlung und stellt es dann in ein Regal.

Daneben gibt es Zeitungen. Bis vor wenigen Jahren musste man diese in der Trafik (kleines Geschäft für Zeitungen und Zigaretten, im Aussterben begriffen) kaufen. Danach kamen die Gratiszeitungen. Sie liegen in Kästen, die in den Haltestellen der öffentlichen Verkehrsmittel stehen. Für Sie als Immigrant gilt: Eine gelungene Assimilation erkennt man daran, dass Sie eines dieser Gratisblätter z. B. in der Problemlinie U6 in die Hand nehmen, die vielen bunten Bilder anschauen und mit dem Kopf wackeln. Mit dem Kopf wackeln bedeutet allen Umsitzenden, dass Sie mit der allgemeinen Lage in Bezug auf Sport, Politik, Wirtschaft, Prominenz und Gewalt sehr unzufrieden sind. Sie sind dann einer von uns, denn wir alle in Österreich sind immens unzufrieden mit fast allem. Bildung ist in Österreich kein Gut, das gehegt und gepflegt wird, um den Tatsachen auf den Grund zu gehen. Lieber ist man vollkommen unbelesen und hasst und verachtet dafür die anderen und die Zustände im Allgemeinen.

Fazit: Man liest in Österreich, um sich noch mehr aufregen und ärgern zu können. Das ist masochistisch, aber Normalität.°

° Und warum hilft uns Lesen nun – wie eingangs erwähnt – dabei, die Fantasie anzuregen? Für eine Antwort blättern Sie in Ihrer Gratiszeitung einfach auf Seite 5.

Berge

[Ber|ge], die, ist schon die Mz.

Am vierten Tag schuf Gott die Alpen in einem Origami-Workshop in Mariazell. Vereinzelte Stimmen in der Forschung (www.alpen-donau.info) schreiben das imposante Faltgebirge der nordischen Gottheit Wotan zu. Untersuchungen des wotanischen Gartens in Wien zeigten jedoch, dass dieser faltenfreie Formen bevorzugt (Skinhead-Glatze). Ganz unabhängig vom Haarschnitt imponieren uns die Berge, weil sie selbst die EU bisher nicht abschaffen konnte. Weil sie mächtig und grantig sind ... wie Dietrich Mateschitz nach einem Betriebsratsheurigen.

Auf die Gipfel stellt man Kreuze – Gott braucht schließlich Orientierung, wenn er aus Langeweile mit seinen Blitzen die Gämsen runterschießt. Zum Dank verteilt er dort kostenlos Gebote (für die sich allerdings kaum noch wer interessiert, seitdem es Gratiszeitungen gibt). Hat man in lohnender Anstrengung einen Gipfel erklommen, hat man sich zur Anwesenheitskontrolle einzutragen (Gipfelbuch) und die Aussicht zu genießen (Gipfelselfie). Gute Aussichten sind schließlich rar in Zeiten von Krise und Detox-Getränken.

Der höchste Berg Österreichs ist übrigens der Hypo Alpe Adria. Den hat sicher nicht Wotan, sondern Jörg Haider aufgefaltet. Reinhold Messner will ihn demnächst nur mit einer Bürste und einem Steuerberater besteigen.

Hier knicken und Ihr eigenes Gebirge hochfalten!

Berufswahl

Entscheidend für Ihr Leben!

Die richtige Berufswahl ebnet den Weg in die Gesellschaft. Doch Vorsicht, in Österreich sind manche Berufe sozial höherstehender als andere. Gut gewählt ist darum halb gewonnen (bzw. integriert).

Sehr angesehen

Ärzte

Halbwegs angesehen

Polizei   Arbeiterkammer

Leidlich toleriert

Köche   Schauspieler   Prominente

Toleriert, mitunter verachtet

Lehrer   Theaterdirektoren   Eisenbahner

Verspottet, belächelt, mit Häme bedacht

Juristen   Sozialarbeiter   Zahnärzte

Verhasst bis hin zu körperlicher Übelkeit

PR-Leute   Arbeitsinspektoren   Betriebsräte

Nur noch mit Gleichgültigkeit packbar

Politiker   Satiriker

Deitsch

[Deitsch], das, keine Mz.

Der Österreicher höchster akustischer Wert ist das Ei. Aus neulich wird „neilich" und aus dem Heu wird das „Hei". Was schon zu erheblichen Irritationen führt, wenn Frau Österreicherin, sagen wir in Hamburg, gar nicht heimlich „Heimilch" bestellt.

Die Steigerungsform des austriakischen Eis heißt übrigens „Eier". Sie kommt gerne bei Negativmeldungen und Drohungen zum Einsatz. Ein Beispiel: „Des isma z' teier", „Oasch Weda heier" oder „I moch di Meier".

Merke: Der Österreicher spricht Deitsch, nicht Deutsch!

Es gibt keine stichhaltigen etymologischen Erklärungen für die Vereierung der österreichischen Sprache, nur Hypothesen. Die anerkannteste geht von einer kultischen Verehrung des Eis aus, die aus prähistorischen Zeiten stammt. Demnach verweise das austriakische „Eier Gnaden" auf die fast religiöse Verehrung des Ovalen.

Abseits der Ei-Verehrung zeichnet sich das Deitsche durch einen liebenswürdigen Hang zum Konjunktiv aus. Der Österreicher „hätte gerne ein Semmerl" vom Bäcker und „würde gerne einen Platz beim Heurigen reservieren". Dieses „hätte" und „würde" macht eine etwaige Ablehnung für die zarte Austro-Seele verschmerzbarer (vgl. auch → *Zeitmaße*).

Bleibt die rot-weiß-rote Verkleinerung. Das „Schnitzi" oder das „Schweinsbraterl" sind Klassiker des österreichischen Diminutivs. In logischer Konsequenz erwähnt der Österreicher danach das „Schlagerl" und das „Tschatscha-Wagerl", das der spröde Germane° zum „Rollator" degradieren würde. Auf die Werte kommt es eben an. In dem Fall auf die Blutfettwerte.

° z. B. ein fader Hannoveraner oder ein dicker Lübecker

Delegieren

[De|le|gier|en], das, keine Mz.

Schwaches Verb; Perfektbildung mit haben; Worttrennung: de|le|gie|ren; Betonung: delegieren; Herkunft: lateinisch delegare = jemanden oder etwas jemandem überweisen; jemanden zu etwas beauftragen; Synonyme: abordnen, abstellen, beordern, deputieren, in eine Delegation wählen, kommandieren, schicken; (gehoben) entsenden; (veraltet) detachieren; (meist Militär) abkommandieren, abgeben, betrauen, übergeben, übertragen, weitergeben.

Beispiele

1. Der Chefredakteur hat die Arbeit am österreichischen Wert „Delegieren" an den unbezahlten Praktikanten delegiert, der nur den Eintrag im Duden abgeschrieben hat.

2. Der Chefredakteur des renommierten Satirekombinats „Hydra" hat das aufstrebende Jungtalent mit dem Verfassen eines Beitrags über „Delegieren" betraut, der sich des Vertrauens als nicht würdig erwies, weil er den Eintrag aus dem Duden gesteuerungcet hat.

13 Dinge, die ...

*... man als Österreicher_in getan haben
sollte, bevor der Sensenmann kommt*

1.	Die Sonntagszeitung fladern
2.	Im Supermarkt „2. Kassa, bitte!" rufen°
3.	In den Hof brüllen, z. B. „Ruhe!"
4.	Den Keller ausbauen
5.	Die GIS-Gebühr zahlen
6.	Niemals mit dem „Wiener Riesenrad" fahren
7.	Im Red-Bull-Rausch aus der Stratosphäre springen
8.	Aus der Kirche austreten
9.	Zur Hochzeit wieder in die Kirche eintreten°°
10.	In Schönbrunn hinter eine Hecke brunzen°°°
11.	Die Oma am Sonntag einmal nicht besuchen
12.	Niemals vergessen! (Bloß was nur?)
13.	A scheene Leich' abgeben

° Siehe auch → *Integration*
°° Mit der Begründung: „In der Kirche ist es einfach feierlicher."
°°° Kann auch das Belvedere sein. Ist sportlicher.

Ehrgeiz

[Ehr|geiz], der, keine Mz.

Wenn es also das eigene Pferd in die SA geschafft hat und man selbst nicht, lässt man sich da unterkriegen? Ned amal denken! Man kann trotzdem Bundespräsident werden, da schaut der Gaul noch aus der Leberkässemmel neidig heraus! Also zeigt schon die Geschichte von Kurt Waldheim, wie viel Antrieb und Ehrgeiz in uns schlummern. Wir Österreicher würden uns niemals mit einem Vierer auf die Deutsch-Hausübung zufrieden geben, nächstes Jahr werden wir im PISA-Test sogar den Senegal überholen. Das ist auch unabdingbar, sonst hat man keine Chance auf dem hierzulande doch sehr anspruchsvollen Arbeitsmarkt – außer vielleicht als Werbetexter für FPÖ-Plakate.

Ehrgeiz ist, wenn Sie schon „Burenhäutl" sagen können, bevor Frontex Sie vor Lampedusa aus dem Wasser fischt. Und auch die Zeit bis zum Asylbescheid muss wahrlich nicht ungenutzt bleiben: Nutzen Sie doch die Gunst der Stunde, um die Wiener Weitwegewandernadel zu machen – Erfolgstypen kommen gut an und sichern sich auf jeden Fall die besseren Plätze im Schubhaftflieger.

Man weiß, dass man's geschafft hat, wenn man nicht nur seinen Fernseher, sondern den ganzen Fernsehsender abdrehen kann. Als erfolgreichster Self-Made-Millionär gilt (neben der Unschuldsvermutung) Frank Stronach, der in Ebreichsdorf noch Pferdedung für Generationen hinterlassen hat. Auch Richard Lugner würde heute noch jeden Wet-T-Shirt-Contest für schweißtreibendes Unternehmertum gewinnen, wäre er nicht per ATV-Knebelvertrag dazu verpflichtet, ein jährliches Grundkontingent an jüngeren Frauen zu heiraten und ihnen Tiernamen zu geben.

Ehrgeiz hat in Österreich ein Spatzi, so viel ist sicher. Und wenn Sie mangels Erfolgsbereitschaft eben doch das Land verlassen müssen, können Sie immer noch als stammelnder Multimillionär zurückkommen, das Privatfernsehen freut sich auf Sie!

Liste der bisher ehrgeizigsten Staatsvorhaben, nach Erfolgsaussicht gereiht:

1. Gemeinsam mit den Deutschen nach Russland fahren.

2. Karl-Heinz Grasser über der Geringfügigkeitsgrenze besteuern.

3. Staatsgrenze so vermaschendrahten, dass keine Wirtschaftsflüchtlinge und Wohlgenährte durchrutschen.

4. Die Technologie von Erwin Prölls Halbglatze in Solarkollektoren verbauen.

5. Einen riesigen Tampon bauen, der alle toxischen Hypo-Assets aufsaugt.

Ewiger Nazi

[Na|zi], der, -s

In der düsteren Waldheimat Österreich entdeckte die Weltpresse anno 1986 erstmals diese ungewöhnliche Spezies, deren augenscheinlichstes Merkmal ein hundsmiserables Gedächtnis ist. Bekannterweise weiß jedes Pferd besser, wann und wo es was getan hat, als so ein ewiger Nazi. Nicht ganz zu Unrecht wurde Österreich für ein derartiges Erinnerungssieb an der Spitze des Staates jahrelang international geächtet.

Als einige Jahre später ein Bärentaler mit burschikosem Charme bewies, dass man den uneinsichtigen Nazi nicht nur mit zusammengekniffenen Arschbacken und verschlossener Büßermiene mimen kann, eilte die Weltpresse erneut herbei und fragte sich in seitenlangen Kommentaren, was denn nur los sei in diesem Land der Weinseligen (→ *Alkohol*), das zwischen Franzl und Sisi, zwischen Alpenglühen und Riesenrad alles hat, was man zur wohlfeilen → *Gemütlichkeit* benötige. Doch der Schaden war bereits angerichtet, der ewige Nazi wurde zum Schreckgespenst, das von nun an mit krummer Gesinnung und hinterhältiger Doppelzüngigkeit durch Arbeiterbezirkshinterhöfe, Bierzeltghettos oder Salzkammergutvillen schlich und nicht mehr wegzupolemisieren war.

Als 2000 die blau-schwarze Regierung schließlich zur politischen Realität wurde, bestellte die EU sogar drei Weise aus dem Bürokratenland, um zu prüfen, ob alles noch mit rechten Dingen bzw. möglichst nicht zu sehr mit rechten Dingen zuginge. Das nützte natürlich einen feuchten Kehricht! (Wie so vieles, was in halb leeren Parlamentsreihen beschlossen wird.) Der ewige Nazi lernte dadurch nur, sich noch besser zu verstellen, sich noch mehr mit NLP-gestählten Floskeln abzuschotten – er wurde zum Chamäleon, das sich jeder arglos multikulturellen Volksgemeinschaft anpasst, sie unterwandert und zersetzt, und auf diese perfide Weise eine durch und durch verweichlichte Kultur hervorbringt. Verwöhnte Muttersöhnchen mit Fönfrisur beispielsweise, die kein „Nein" akzeptieren können und ständig der Ansicht sind, für ihre schlechten Dienste noch viel zu gering entlohnt zu werden. Also findet man Mittel und Wege, um sich zusätzliche Honorare zu verschaffen oder Spekulationsgeschäfte auf Staatskosten zu initiieren. Damit wiederum werden mutmaßliche Erfolge der eigenen Wirtschaftspolitik behauptet, während man in Wahrheit keine Ahnung von ebendieser hat, geschweige denn überhaupt je eine Ahnung von volksdienlichem Haushalten hatte.

Der wahre Horror der blau-schwarzen Regierung zeigte sich denn auch Jahre später in Form von Milliardenschulden, die dem Steuerzahler noch auf Jahrzehnte hinaus das Geldbörserl leeren werden. Und obwohl dieses Debakel eindeutig auf das Konto des geld-raffenden, verschlagenen, krummbuckligen, ewigen Nazis geht, ist es ihm dennoch gelungen – eben aufgrund seiner Verlogenheit und Verschlagenheit –, das arglose Volk vom Gegenteil zu überzeugen. Anders ist es nicht zu erklären, dass so viele Österreicher der Ansicht sind, unter einer FPÖ-Regierung würde dereinst alles besser werden. Aber das ist gelogen. Hier stecken die braune Lügenpresse und die reichen Westküstenfaschisten Österreichs eindeutig unter einer Decke!

Die Wahrheit ist vielmehr, dass der ewige Nazi ein verlogener Parasit ist, der die kulturelle Vielfalt jeder Volksgemeinschaft aussaugt, der für seine schlechten Dienste gierig Zweit- und Drittbezüge rafft, und überdies die Volksgenossen unseres lieben Herrn Jesus nicht ins Land hineinlassen will. Pfui!

Entschuldigen*

[Tschuing], das, keine Mz.

„Wo kein Kläger, da kein Richter", sagt ein altes Sprichwort. Der gemeine Österreicher hat trotzdem meist das Gefühl, er könnte (und wird ganz sicher!) von seinem Umfeld gerichtet werden. Also geht er in Abwehrhaltung und überrascht mit sonst gar nicht zu seinem Auftreten passender → *Höflichkeit*. Sätze wie „Vorsicht, Sie haben eine Wespe im Dekolleté!" oder „Herr Ober, die Rechnung, aber dalli!" sind in dieser Form gänzlich unüblich. Wann immer der Österreicher mit Fremden in Kontakt tritt, buckelt er – selbst, wenn er sein Gegenüber gar nicht leiden kann. Er sagt Sätze wie „Entschuldigung bitte, aber sind Sie deppert?", oder „Heans, entschuldigen S', könnt' ich dann endlich mein Schnitzel haben?", oder gar „Entschuldigung, Sie sind hier nicht willkommen!" und findet daran nichts falsch.

Woher diese seltsame und fragwürdige Angewohnheit kommt, kann sich nicht einmal der Österreicher selbst erklären. Eine plausible Erklärung mag eine Überkompensation des lange Zeit verabsäumten Eingestehens der Täterrolle im Zweiten Weltkrieg sein. Möglicherweise ist es auch als verächtliche „Ehrerbietung" zu verstehen: Der Österreicher gibt sich immer mindestens eine Stufe niedriger als seine Gesprächspartner, obwohl er sich in Wahrheit mindestens drei Stufen über ihnen sieht.

Entschuldigen Sie bitte, dass wir Sie mit diesem Text belästigt haben, es war uns halt wichtig.

Vermutlich ist es aber einfach der Ausdruck der passiv-aggressiven Grundstimmung des Österreichers, die als „sympathisches Granteln" weit über die Grenzen dieses schönen Landes hinaus bekannt ist.

---

* Entschuldigen Sie, dass dieser Text nicht korrekt gereiht ist.

Feminismus

[Fe|mi|nis|mus], der, keine Mz.

In Österreich gibt es nicht nur ein paar Frauen, die bekennende Feministinnen sind, es sind auch ausnahmslos alle Männer Feministen. Dies ist für alle Fremden bestimmt etwas Neues, da diese das ausnahmslos nicht sind, weder Männer noch Frauen. Uns Österreichern ist daher die Gleichstellung und der Schutz *unserer* Frauen ein großes Anliegen: In Beruf und Öffentlichkeit geben wir deshalb manchmal *einer* eifrigen Frau die Chance, in einem für sie nicht vorgesehenen Beruf (z. B. Führungspositionen und überhaupt alle Bereiche, in denen man was verdient) ihren Fleiß und ihre Begabung unter Beweis zu stellen.

In öffentlichen Fernsehauftritten (seien es politische Diskussionsrunden oder witzige Comedysendungen) darf auch jeweils *eine* starke Frau dabei sein. Diese nennen wir dann liebevoll *unsere* Quotenfrau. Und die Ergebnisse sind oft recht erstaunlich! Denn manche dieser Frauen setzen sich mit ihrer Frauenpower und ihrem Charme richtig selbstbewusst durch. Haben sie das erkannt, suchen sie sich oft ganz von selbst wieder etwas Passenderes wie den Lehrer- oder Sozialberuf oder das Muttersein. So haben alle was davon.

Seit Kurzem ist uns das Thema Sicherheit auch ein besonderes Anliegen. So haben wir seit dem Jahr 2016 ein Gesetz, das es Männern nicht mehr erlaubt, Frauen ohne zu fragen auf den Popo zu greifen. Für uns Österreicher ist dieses Gesetz natürlich übertrieben und unnötig – denn wenn sich ein zufälliges Hingreifen ergibt, handelt es sich ausnahmslos um einen Witz. Für alle Fremden ist dieses Gesetz aber umso wichtiger, denn es handelt sich ausnahmslos um keinen Witz. Also aufgemerkt: Finger weg von *unseren* Frauen!

Fleiß

[Fleiß], der, keine Mz.

Fleiß ist tragender Bestandteil des Selbstbildes vieler Österrei-
cher_innen. Strebsames, unermüdliches Arbeiten gilt als Ideal,
dem zumindest in der Selbstdarstellung nachzukommen ist. Deshalb ist in ruralen Gebieten der Spruch „Ihr/Sein Leben war erfüllt von Arbeit und Fleiß" ein absolutes Partezettel-Must-Have.
Im urbanen Raum wiederum baut man möglichst viele Büros mit
vollverglasten Außenwänden, damit man schon von der Straße aus
erkennt, wie fleißig hier den ganzen Tag im Drehstuhl gesessen
wird („Creative Industries Workflow Peepshow").

In wirtschaftlich schweren Zeiten hat man in Österreich nie un-
tätig die Hände in den Schoß gelegt. Nein, man war fleißig. Man
hat zwei Weltkriege begonnen, alles hingemacht und dann wieder
mit Amigeld aus dem Marshall-Plan aufgebaut. Deshalb ist es für
Neo-Österreicher_innen unerlässlich, zu beweisen, dass auch in
ihnen eine Trümmerfrau steckt.

Fleiß wird in Österreich allerdings stark mit der geografischen
Herkunft verbunden. Der Süden steht für Sonne, Strand und
Staatsverschuldung, weshalb man Zugewanderten aus diesen
Breiten tendenziell ihre Fleiß-Capability abspricht. Das Sprich-
wort „Oune Fleiß ka Preis!" hingegen, das ins Hochdeutsche mit
„Ohne Fleiß kein Preuße!" übersetzt werden kann, spielt auf die
angeblich typisch deutsche „Schaffe, schaffe, Häusle baue"-Men-
talität an. Am Beispiel der Deutschen kann man klar erkennen:
Fleiß macht in Österreich zwar nicht beliebt, nötigt aber zumin-
dest → *Respekt* ab.

Freiheit

[Frei|heit], die, -en*

Freiheit ist ein universeller, globaler Wert. Das bedeutet, dass er nicht in Österreich erfunden wurde, sondern dass ihn sich alle Menschen ausgedacht haben, weil alle Menschen auf die Idee gekommen sind, dass Freiheit wert-voll ist.

Trotzdem wollen wir Sie, liebe Neo-Österreicher_innen, Neu-ÖsterreicherInnen und Austriak°innen in spe mit der Freiheit bekannt machen. Sie werden Freiheit wahrscheinlich nicht kennen, weil Sie nichts dafür getan haben. Für Freiheit muss man immer etwas tun, auch für die Freiheit in Österreich. Das heißt, *Sie müssen* etwas tun. Freiheit ist nämlich auch individuell. Für die einen ist Freiheit, nicht arbeiten zu müssen, weil sie andere haben, die das für sie tun; für andere (*Sie!*), bedeutet Freiheit, arbeiten zu *dürfen*!

Achtung, nicht überall, wo Freiheit draufsteht, ist Freiheit drin (FPÖ). Frei ist man erst, wenn das irgendjemand vom Balkon herunterschreit.

Echte österreichische Freiheitskämpfer:

---

*Im Gegensatz zur singulären Freiheit, die man hat, gilt für die Mehrzahl, dass man sie sich nimmt.

Fremdenhass

[Fremd|en|hass], der, keine Mz.

Käme Barack Obama in den Praterdome hinein? Wohl kaum. Wer in Österreich als Tourist oder als Terrorist gilt, entscheidet sich entlang subtil austarierter Hautfarbnuancen. Einkommensverhältnisse und Herkunft spielen auch eine Rolle. Trotzdem lässt sich nicht sagen, dass der Österreicher ein Fremdenhasser ist. Dazu müsste er den Fremden erst einmal näher kennenlernen. Das passiert nicht allzu oft, aber wenn doch, dann ereignet sich das österreichische *Verbrüderungswunder*. Anders gesagt: Durchs Reden kommen in Österreich die Leute zusammen, egal, woher sie stammen. Tendenziell kann der Österreicher jeden Menschen leiwand finden, ganz besonders, wenn es mit dem anderen eine Hetz und eine Gaudi ist. Dann erkennt man im Gegenüber *das Wunder Mensch*, herzt einander, ist bereit, mit dem anderen durch die Straßen zu ziehen, ihm einen Gefallen zu tun, sich für ihn aufzuopfern, mit ihm die Welt zu retten ... oder was für einen Unfug man sonst in einer durchzechten Nacht treiben mag.

Am nächsten Tag sieht die Sache anders aus. Jetzt kennt man sich und geht sich auch bald schon auf den Geist. Nun geschieht das österreichische *Vernachbarungswunder*. Niemanden hasst der Österreicher mehr als seinen Nachbarn. Was in Österreich gegen Wände gehämmert, aus Fenstern gebrüllt oder gegen Thujen gepisst wird, das geht auf keine Kuhhaut nicht. So würde sich der Österreicher Fremden gegenüber niemals gehen lassen – außer vielleicht in von der FPÖ organisierten Zusammenrottungen kleinkarierter Wut.

Merke: Dass der Österreicher mitunter vergisst, dass er im Grunde nur die hasst, die ihm zu nahe kommen, nicht aber die Ausländer, die er ja gar nicht kennt, ist der wahre Triumph des Populismus!

Freunderlwirtschaft

[Freun|derl|wirt|schaft], die, keine Mz.

Einer der größten Vorteile jedes Österreichers: Er kennt da wen.
Und zwar immer. In jeder Lebenslage. Die Waschmaschine oder
der Fernseher ist kaputt? Er kennt da wen, der solche Sachen
reparieren kann. Der 70er in der 30er-Zone verträgt sich nicht mit
der Ansicht der Radarbox? Kein Problem, er kennt da wen bei der
Gendarmerie° (→ *Kavaliersdelikt*). Oft ist es nicht einmal nötig,
selbst so gut vernetzt zu sein, es reicht, jemanden zu kennen, der
jemanden kennt. Diese Person kann ihm sogar bis dato unbekannt
gewesen sein – ein Freunderl ist ja auch kleiner als ein Freund. So
hat Freunderlwirtschaft nicht zwingend mit Freundschaft zu tun.
Der Österreicher hilft nie aus Nettigkeit alleine (auch wenn er das
vorgibt), sondern weil er sich eine Gegenleistung erwartet.

Trotz dieses egoistischen Gedankens ist die Freunderlwirtschaft
des Österreichers heimlicher Widerstand gegen den Kapitalismus
und das Dogma, alles dem freien Spiel der Kräfte am Markt zu un-
terwerfen. Loyalität ist wichtiger als Angebot und Nachfrage. Eine
Hand wäscht die andere, was unter der Hand passiert, interessiert
keinen, und wenn der Staat seine Hand aufhält, lacht man ihn
hämisch aus (→ *Schummeln*). Rechnungen und Belege sind für
den Österreicher nur irgendwelche Zetterln ohne Bedeutung.°°
Haftung und Gewährleistungen sind ihm egal, er kennt da sowieso
wen. Für Sie, lieber Neuankömmlingsaspirant, gilt deshalb: Fluchthilfe lieber von Freunden in Anspruch nehmen. Denn Fluchthilfe
ist kriminell! Freunderlwirtschaft hingegen ist gern gesehener, von
allen tolerierter Usus. Also: Wie können wir Ihnen helfen?

° Dass die längst überall im Land Polizei heißt, ignoriert der Österreicher
aus Gewohnheit geflissentlich.
°° Für die der Österreicher nicht einmal Mundartausdrücke kennt, außer
vielleicht: „Wisch" (wie in: „Gib her den Wisch!").

Freundlichkeit

[Freund|lich|keit], die, -en*

Freundlichkeit gibt es in Österreich nicht. Es gibt nur die sogenannte *Schasfreundlichkeit*. Die können Sie von diesem Text gerne
haben, wenn Sie ihn so lassen, wie er ist! Andernfalls schleichen
Sie sich, Sie Krüppelgspü, Sie elendigliches! Sie Kindavazaara,
Meichlmöada, Oaschgeign, Huansbeidl, Sautrottl!**

Apropos Freund-
lichkeiten. Haben
Sie diesen Herren
zufällig schon mal
gesehen?

---

* Freundlichkeiten bedeuten eigentlich genau das Gegenteil von Freund-
lichkeit. Man wirft sie sich an den Kopf.
** Tschuldigung, diese Freundlichkeiten sind uns jetzt so rausgerutscht.
(→ *Entschuldigen*)

Geilheit

[Geil|heit], die, -en

Jedes Volk hat seinen Sexappeal. Die Spanier sind so heißblütig wie die Finnen, die Französinnen so anspruchsvoll wie Turbopascal, sogar die Deutschen haben hin und wieder so etwas wie Sex ... nur: Wie geil sind Herr und Frau Österreicher? Das ist eine gewichtige Frage, denn Integration heißt auf körperlicher Ebene, die anderen mitmachen zu lassen, ohne etwas auszuschließen. Gemeinsam sind wir stark, schweißeln und kriegen Kinder! Wer also hier landen will, z. B. bei einer kartoffelsalatversierten Hausfrau, wer hier eine gute Partie machen will, z. B. mit einem gut situierten Vermögensberater, der muss sich mit den heimischen Paarungsusancen befassen.

Merke: Große Schwänze tut man bei uns in die Ochsenschleppsuppe!

Das ist jedoch gar nicht so einfach, denn die sexuelle Klaviatur der Volksseele ist komplexer als das Innenleben eines Teilchenbeschleunigers (wobei das Prinzip im Grunde dasselbe ist). Frau Österreicherin kann keusch und spröde wie eine Reiswaffel sein, Herr Österreicher zotig wie ein Büschel Dämmwolle (Vorsicht: juckt!). Doch geht es umgekehrt genauso. Frau Österreicherin genießt ihren Sex kulinarisch opulent, Herr Österreicher rammelt leistungsbetont wie ein ledriges Kruppstahlwiesel. Oder noch schlimmer: Frau Österreicherin kann autoerotisch sein wie ein Traktor mit Chromfelgen, während Herr Österreicher frigide herumzickt wie ein Kühlschrank mit Migräne. Daraus lässt sich nur eines lernen: Man kann es dem Österreicher im Bett nicht recht machen! Da nützen auch keine über die Grenze geschmuggelten langen schwarzen Penisse oder irgendeine mythische Hymenunversehrtheit!

Gemütlichkeit

[Ge|müt|lich|keit], die, -en

Bezeichnet den unbändigen Willen der Österreicher_innen, Problemen möglichst sorglos, entspannt und heiter, aber dafür zielstrebig aus dem Weg zu gehen. Die genuin österreichische „Gmiatlichkeit" kennt zwei spezielle Modi: den „Olles° is wurscht!"- und den „Olles is a Schas!"-Modus. In Ersterem leitet sich die Pflicht zur Gemütlichkeit von einer tiefen Einsicht in die hoffärtige Eitelkeit allen menschlichen Bemühens ab, das letzten Endes ja doch zum Scheitern verurteilt ist. Dieser Modus kann wahlweise einen Memento mori- („Irgendwann is a jeder hin") oder stoischen Einschlag („I g'spia mi schon long nimma") aufweisen.

Die zweite Spielart – „Olles is a Schas!" – operiert hingegen unter einem utopischen Leitgedanken. Die Wirklichkeit wird als ungenügend wahrgenommen und mit einem idealisierten Zustand verglichen, der entweder in die Vergangenheit projiziert („Früher/ unterm Führer hätt's des net gebn") oder nur im Vollrausch erlebt wird („Du bist echt der geilste Hawara auf der ganzen Wöd"). Die nüchterne Gegenwart erscheint als hässliches Gefängnis, das man aber nicht verlassen, sondern in dem man sich einfach gemütlich einrichten sollte.

Es ist für alle „Zugereisten" ratsam, beide Modi täglich und abwechselnd zu üben. Sollte die Gemütlichkeit dabei einmal nicht von Herzen kommen und verbissen wirken: kein Problem. Das ist umso authentischer österreichisch!

° Die leidige Frage, ob es „Ollas" oder „Olles" heißen muss, haben wir hier so entschieden, um ein weiteres österreichisches Werteoriginal nicht zu diskriminieren. Ollas bzw. OLLAs nannte man in Österreich nämlich lange Zeit Kondome – nach der 1979 von der deutschen „Blausiegel" GmbH übernommenen Wiener Firma „OLLA" Gummiwaren.

Geschwisterlichkeit

[Ge|schwi|ster|lich|keit], die, keine Mz.

Der Österreicher hat ein inniges Verhältnis zu seiner Familie. Er liebt das Kuscheln und zärtliche Spiel mit seinen Lieben. Most famous Familienkuschler ist Josef Fritzl. Dessen Naheverhältnis zu seinen Blutsverwandten ist generationenübergreifend ergreifend. In seinem tiefsten Keller-Inneren liebt der Österreicher nur seine Familie. Hat er keine, dann sucht er liebevoll nach Ersatz, „Priklopilieren" nennen Familientherapeuten diesen Prozess. Aber nicht, dass der Österreicher mit seiner selbstlosen Liebe angibt, ganz im Gegenteil. Er neigt zum verschämten Understatement. Sein selbstloses Engagement für den guten Zweck behält er nobel für sich. Mehr sogar, er streitet sein ritterliches Wirken gerne ab. Er scheut den Ruhm.

Dabei bringt des Österreichers Geschwisterlichkeit allen Beteiligten Segen. Im Keller droht weder UV-bedingter Hautkrebs noch zeckenbedingte FSME. Auch beim Schwarzfahren wird man nicht ertappt. Shoppen und teure Restaurants fallen aus. Das schont das Familienbudget.

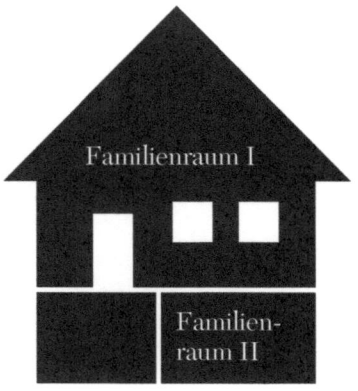

Frau Fritzl wiederum muss nicht in den Keller lachen gehen. Sie kann im Sonnenschein ihr vollkommenes Familienglück genießen. Darum hat sie die Kellerbasteleien ihres Gatten auch kritiklos gutgeheißen. Denn ein Mann ohne zünftiges Hobby ist wie Sex ohne ganze Familie.

Gleichheit

[Gleich|heit], die, -en

Spezielle österreichische Zeitform zwischen Gegenwart und Zukunft. Die Ankündigung, dass etwas „gleich" geschehe, verweist auf einen scheinbar naheliegenden Zeitpunkt, der dann aber nie eintritt. Sprachwissenschaftlich handelt es sich also eigentlich um einen versteckten Konjunktiv.

Unter den Begriff „Gleichheit" fallen in Österreich auch diverse Bestrebungen, die seit ewig diskutiert und sicherlich gleich umgesetzt werden – sozialer Ausgleich etwa, oder gleicher Lohn für gleiche Arbeit. Dazu passt auch die österreichische Tradition der Gleichenfeier: Da zelebriert man, dass man gleich ein Dach decken wird (auch wenn es im Moment noch reinregnet).

Für Sie als Immigrant gilt: Sie haben nicht die *gleichen* Rechte wie die echten Österreicher, aber Ihr Asylantrag wird sicher *gleich* behandelt.

Vermaderungssticker! Einfach ausschneiden & an die Tür kleben!

Liebe GIS!

Ich bin nicht zuhause!
Ich schaue immer
bei ....
auf Top ....
fern!

Ihr GIS-Vermaderungssticker!

Großzügigkeit

[Groß|zü|gig|keit], die, -en

Wer spenden will und sich ja wohl fix nicht von der billigen Verarsche der Bettlermafia eintunken lässt, ruft beim ORF an! Der kennt für uns ein paar Nachbarn in Not. Unsere eigenen Nachbarn schätzen wir zwar meist nur per Gerichtsgutachten, aber wenn der ORF welche hat, die nicht um drei Uhr morgens Flugzeugturbinen in Waschmaschinen rotieren lassen, na bitte!

Was uns die GIS noch zum Leben lässt, überweisen wir mit leicht kitzelnder Erregung ob der eigenen → *Nächstenliebe* dem ORF. Der gibt's dann irgendwem, so genau wollen wir das gar nicht wissen, solange irgendwas mit Krieg oder Flut dabei ist und es NICHT AN DIE GIS geht!

Es entsprach ja schon dem natürlichen Rechtsinstinkt eines Jean-Jacques Rousseau, dass bestimmte Dinge – wie Sonntagszeitungen, Watschen und schlechtes Fernsehen – gratis sein müssen. Die „Gebühren Info Service GmbH" des ORF geht uns aber – und von nun an auch Ihnen – dauernd an die Wäsche. Das Brutto-National-Glück der ÖsterreicherInnen sinkt damit jährlich um eine zweistellige Prozentzahl. So viel Profitgeilheit KOTZT UNS AN!

Und auch wenn an dieser Stelle lexikalische Distinktion zu wahren ist: Liebe künftige NutznießerInnen des staatlich monopolisierten Fernsehunterjochungsapparates°, Sie dürfen darüber jetzt schon wütend sein! Ein Vergleich mit Nordkorea macht sicher: Staatsfernsehen geht ja wohl bitte auch gut und kostenlos!

° ugs. „Lügen-ORF"

Grünlichkeit

[Grün|lich|keit], die, -en

Die Grünlichkeit ist einer der wichtigsten österreichischen Werte. Sie bezeichnet die bedingungslose Hingabe für die, nach Judentum, Christentum und Islam, jüngste der vier Weltreligionen, nämlich für Rapid Wien. Ausdruck der Grünlichkeit ist der sogenannte *Rapid-Geist*, ein Gespenst, das in den Katakomben unter dem Weststadion in Hütteldorf wohnt und ab und zu auch in Europa umgeht, so wie früher der Kommunismus.

Ähnlich wie Rapid musste auch der schon viele Niederlagen einstecken, doch in den Herzen seiner Anhänger_innen lebt er trotzdem weiter. Grünliche Menschen sind einerseits ordentlich, sie stehen auf Disziplin und Turnübungen („Kniet nieder, wenn die Hauptstadt kommt!"), geben sich aber andererseits auch rebellisch gegenüber dem politischen System und stellen dieses offen infrage („Hier regiert der SCR!"). Sie lieben Ultras, verachten aber Ultraviolettstrahlung.

Außerdem sind sie ... ja, leck mich doch, jetzt sehe ich gerade, es sollte in diesem Artikel um GRÜNDLICHKEIT gehen. Da habe ich mich jetzt aber grünlich vertan!

Gschaftlhuabern

[Gschaftl|hua|bern], das, -eien

Ein Gschaftlhuaber ist ein Mensch, der vorgibt, mehr zu sein oder zu arbeiten, als es der Realität entspricht. Damit steht der Großteil der österreichischen Bevölkerung unter Generalverdacht des Gschaftlhuaberns. Freilich ist ein Gschaftlhuaber in seiner Selbstwahrnehmung ein fleißiger Arbeiter, der schon längst wieder dringend einen Urlaub gebrauchen könnte. Gschaftlhuabern, das tun immer nur die anderen, bevorzugt die Deutschen. Die sind in österreichischen Augen die wahren, die geborenen Gschaftlhuaber! Mit Argwohn wird den Kollegen auf die Finger geschaut. Sie sollen mit derselben Arbeit schneller fertig sein als man selbst? Oder gar noch besser, noch präziser und noch gründlicher gearbeitet haben? Da kann es nicht mit rechten Dingen zugegangen sein. Diese Gschaftlhuaber wollen sich doch nur aufspielen!

Dabei ist Gschaftlhuabern nicht zwingend negativ. Im Gegenteil: Ausschließlich durch geschicktes Täuschen und vorgebliches Tun lässt sich in österreichischen Unternehmen Karriere machen, oder mühevolle Arbeit im großen Stil an arglose Kollegen delegieren. Das gilt gemeinhin als Führungsqualität – und wird hierzulande hoch geschätzt!

Was aber, wenn der Schwindel auffliegt und jemand tatsächlich des Gschaftlhuaberns überführt wird? Hier präsentiert sich der größte Vorteil dieser Eigenschaft: Da es im Interesse aller steht, nicht selbst als Gschaftlhuaber entlarvt zu werden, bezichtigt man andere dieser Unart nur hinter vorgehaltener Hand. Offizielles Anschwärzen kommt de facto nicht vor – wodurch uns der Gschaftlhuaber als österreichisches Werteoriginal noch lange erhalten bleiben wird.

Hausverstand

[Haus|ver|stand], der, keine Mz.

Der Hausverstand ist der rot-weiß-rote Yeti: Die Österreicher berufen sich gerne auf ihn, aber es ist gar nicht gesichert, ob er überhaupt existiert. Niemand hat ihn jemals gesehen oder gehört. Trotzdem spielt er als rot-weiß-roter Referenzwert eine tragende Rolle. Er ist die meistzitierte Person des Landes. Vom Gemüt her neigt er zum Konservativen bis Reaktionären. Er präferiert das Generalisieren, das Vorurteil und die kulturelle Abgrenzung.

Und er neigt zum Wörtchen „schon". „Schon der Hausverstand sagt" ist eine landesweit beliebte Präambel für Feststellungen aller Art. Das ist deshalb interessant, weil dieses „schon" auf den Rudimentärzustand des zitierten Verstands hinweist. Der Hausverstand ist quasi die rot-weiß-rote Vorstufe zum Verstand, die Sichtung des Baums der Erkenntnis, das Trenzpatterl-Niveau der intellektuellen Logik, die Ideen-Amöbe am Beginn der Entwicklung allen Lebens. Vielleicht ist er ja deshalb so beliebt. Und weil der Einsatz des Hausverstands kein Kopfweh verursacht.

Der Hausverstand ist überaus pflegeleicht. Er liefert Feststellungsmodule für sämtliche denkbaren Gesprächsthemen. Ganz gleich, ob es um Migration, Verdauungsprobleme oder Schulpolitik geht. Noch mehr: Vielfach reicht eine einzige Hausverstands-Feststellung für alle drei zuvor genannten Themenkomplexe. Und – von besonderer Bedeutung – man kann ihn auch im Rauschzustand problemlos abrufen. Und verbindet damit originell zwei bedeutsame heimische Werte: Hausverstand und → Alkohol. Denn wie sagt der Hausverstand? Kinder und Besoffene sagen die Wahrheit.

Heimat

[Hei|mat], die, keine Mz.

Heimat ist ein Wort, das viele Österreicher nur von FPÖ-Plakaten kennen. Denn am Land sagt man zu dem, was dieses Wort angeblich bezeichnet, z. B. die Gegend bzw. „d' Gegnd", das Tal bzw. „es Toi", die Stadt bzw. „d' Stod" oder die Berg bzw. „d' Beag". In der Stadt sagen die Kids wiederum „the hood" bzw. „de Hud", die Erwachsenen „das Viertel" bzw. „'s Viatl", die Hipster „das Grätzl", weil sie glauben, dass ältere Leute so dazu sagen, und ältere Leute schließlich „die Stiege" bzw. „de Zehnastiagn", weil sie ohnehin kaum noch aus ihren Wohnungen rauskommen. Die wahre „Heimat" ist in Österreich also das, was man unmittelbar kennt. Im Satz „Waun i am Häusl und im Bett woa, waß i, dass i wieda daham bin", findet sich praktisch jeder Österreicher wieder.

Wird trotzdem der abstrakte und eigentlich unösterreichische Begriff „Heimat" verwendet, dann bezeichnet er in der Regel all das, was entweder immer schon da war, z. B. die Landschaft, die gute Luft, das gute Wasser, oder das, was frühere Generationen geleistet haben, z. B. Mozart, die Habsburger, der Wiederaufbau nach dem Krieg, dass Hitler eben doch ein Österreicher war, der Sieg von Córdoba, Franz Klammer, die Annemariemoserpröll, dass wir kein Kernkraftwerk haben etc.

Wie es einst war, ist also super und erfüllt mit Stolz, während im Gegenzug alles, was derzeit ist, meist Oasch (→ *Sudern*) ist. Warum es trotzdem eine enorme Angst gibt, diese glorreiche Vergangenheit und diese unwandelbare Naturherrlichkeit könnte durch eine Ausländerüberflutung irgendwie ungeschehen gemacht, gewissermaßen aus den Geschichtsbüchern wieder ausradiert werden, zählt zu den großen heimischen Mysterien.

Homophilie

[Ho|mo|phi|lie], die, -n

In Österreich werden gleichgeschlechtliche Beziehungen politisch geduldet. Gleichgeschlechtlich liebende Menschen (sog. Schwule) dürfen einen eheähnlichen Vertrag abschließen, Händchen halten und schmusen – aber nicht im Kaffeehaus! Und auch sonst wird der Austausch von Zärtlichkeiten nicht gern gesehen. Beschränken Sie sich auf dezente Berührungen unterm Tisch! Sagen Sie: „Ich hab so was noch nie gemacht …" Seien Sie aufgeschlossen für neue Erfahrungen! Österreichs Schwule helfen Ihnen gern.

Österreich hilft auch seinen schwulen Österreichern. Seit Kurzem ist Österreich das erste Land der Erde, in dem gleichgeschlechtliche Paare Kinder adoptieren, aber nicht heiraten dürfen.[*]

Auch weibliche Schwule haben in Österreich Rechte. Sie dürfen fast alles, was wir Österreicher auch dürfen. Wir zahlen ihnen aber ein Drittel weniger Gehalt und versuchen, Sie vor anstrengenden Führungsaufgaben zu schützen.

Wenn Sie hingegen sowohl mit Männern als auch Frauen bzw. FLIT[**] verkehren wollen, müssen Sie sich in Österreich entscheiden. Beides zusammen geht nicht. Vor allem nicht gleichzeitig. Diese Entscheidungsmöglichkeit ist die österreichische → *Freiheit*.

---

[*] Kinder zu heiraten ist bei uns sogar für Nicht-Schwule verboten.
[**] Nicht die Kurzform für Flittchen, sondern für „Frauen, Lesben, Inter, Trans".

Höflichkeit

[Höf|lich|keit], die, -en

Höflichkeit ist das Gegenteil von Freundlichkeit. Es wird Ihnen hier bei uns bald auffallen, dass eingeborene ÖsterreicherInnen unfreundlich und höflich zugleich sein können. Das manifestiert sich in der Frage: „Host a Problem?" Wir sind immer in Sorge über die anderen. Das hat den Vorteil, sich weniger mit sich selbst beschäftigen zu müssen. Trotzdem gehört diese Finesse zu den Grundzügen des Umgangs miteinander. Wer das nicht beherrscht, ist entweder arm dran oder Piefke.

Höflichkeit kommt vom Wort Hof, den es im staatsmännischen Sinne in Österreich eigentlich nicht mehr gibt, dennoch gibt es hierzulande reichlich Hofräte. Und diese Hofräte raten Ihnen, liebe Ausländerin, lieber Ausländer, besser flott höflich zu werden, sonst setzt es was, dass die Funken spritzen!

Wird jemand hierzulande gefragt, ob er oder sie die Höflichkeit besitze, diesem oder jenem (Wunsch) zu entsprechen, können Sie getrost davon ausgehen, dass Höflichkeit weder vorausgesetzt ist noch erwartet wird oder angebracht ist. Erkundigen Sie sich stattdessen, ob Ihr Gegenüber „a Problem hod" oder ob es ihm „eh no ganz guad geht?".

Hymne

[Hym|ne], die, Original

Land der Berge, Land am Strome,
Land der Äcker, Land der Dome,
Land der Hämmer, zukunftsreich!
Heimat großer Töchter und Söhne,
Volk, begnadet für das Schöne,
vielgerühmtes Österreich.
Vielgerühmtes Österreich.

Heiß umfehdet, wild umstritten,
liegst dem Erdteil du inmitten
einem starken Herzen gleich.
Hast seit frühen Ahnentagen
hoher Sendung Last getragen,
vielgeprüftes Österreich.
Vielgeprüftes Österreich.

Mutig in die neuen Zeiten,
frei und gläubig sieh uns schreiten,
arbeitsfroh und hoffnungsreich.
Einig lass in Jubelchören,
Vaterland, dir Treue schwören,
vielgeliebtes Österreich.
Vielgeliebtes Österreich.

Hymne

[Hym|ne], die, notwendige Fälschung

Land der Bauern, Land der Dolme,
Land voll nackter Grottenolme,
Land der Hirne, extraweich!
Heimat großer Steuern auf Löhne,
nix zu bieten, nur große Töne.
Vielbetrunk'nes Österreich.
Vielbetrunk'nes Österreich.

Wild beflegelt, arg zerstritten,
EU-feindlich wie die Briten
sind dir alle ander'n gleich.
Will nur einer „Flüchtling" sagen,
dreht es dir gleich um den Magen,
kleinkariertes Österreich.
Kleinstkariertes Österreich.

Grantig in die neuen Zeiten,
resignierend sieh uns schreiten,
arbeitslos und hoffnungsleer.
Lasst uns doch in Jammerchören,
alte Zeiten raufbeschwören:
Bringt die Ostmark wieder her.
Bringt die Ostmark wieder her.

TIPP:
Auswendig
lernen und beim
Asylinterview
vorsingen!

Integration

Für Ausländer in 8 Schritten

1. Eine Leberknödelsuppe essen (echt vegan)!

2. In die Badehose pinkeln (z. B. im Pool)!

3. Nach dem Heurigen mit dem Auto fahren!

4. Dem Schilling nachweinen!

5. Das Kellerabteil ausbauen!

6. Im Supermarkt „2. Kassa, bitte!" rufen!*

7. In der „Kronen Zeitung" Busen schauen!

8. Rechts überholen!

---

* Siehe auch → *13 Dinge*

Integration

Für Österreicher in 9 Schritten

1. Lignano links liegen lassen!

2. Einem Flüchtling eine Banane schenken!

3. Auch einmal in Farsi raunzen!

4. Die Stelze in Hummus tunken!

5. Thujenhecke zum Nachbarn niederreißen!

6. Katze nicht Muschi, sondern Moschee taufen!*

7. Dem Drogendealer das Du-Wort anbieten!**

8. Im Swingerclub: Burka statt Strapse!

9. Nur exotische Viecherl ins Stickeralbum kleben!

---

* Es gibt auch eine nicht ganz so jugendfreie Variante.
** Oder: Beim Drogendealer mit Rabattmarkerl zahlen!

Integrationstest

Sind Sie fit genug für Österreich?

Wer ist das?
- ❏ Der gute Onkel von Österreich (9)
- ❏ Yitzhak Rabin (3)
- ❏ Bruno Bettelheim (6)

Was ist das?
- ❏ Ein Hort der Gottlosen (9)
- ❏ Bella Milano (6)
- ❏ Gar kein schlechtes Terrorziel (3)

Wer ist das?
- ❏ Der Typ, der Django geholfen hat (9)
- ❏ Der Typ aus Am-Dam-Des (6)
- ❏ Steve Carrell (3)

Wer ist das?
- ❏ Die einzige Frau in der ÖVP (6)
- ❏ Queen Mom (3)
- ❏ Mei, da oide 1000er (9)

Was ist das?
- ❏ Ein riesiges Rad (6)
- ❏ Venedig für Landratten (3)
- ❏ Ein Wahrzeichen (9)

Wer ist das?
- ❏ Die gute Fay von Österreich (3)
- ❏ Rodolfo Fadentino (6)
- ❏ Eine „bauliche Maßnahme" (9)

Wer ist das?

☐ Ein Steirer (6)
☐ Ein Ami (3)
☐ Ein Arnie (9)

Was ist das?

☐ Eine Kirche im Miederkorsett (6)
☐ Phallussymbole (9)
☐ Viel Platz, um Bomben zu verstecken (3)

Was ist das?

☐ Louis Armstrong (3)
☐ Ein kaputter Typ (9)
☐ Fallobst (6)

Was bedeutet das?

☐ Wiederbetätigung (9)
☐ Ein echter Kärntner (6)
☐ Pegida-Tel. (3)

Was ist das?

☐ Mieser Slogan (6)
☐ Meine rosige Zukunft hier (9)
☐ Gut, um Gottlose zu überrollen (3)

Welches Wappen?

☐ Australien (3)
☐ Die Red Eagles (6)
☐ Niederösterr. Jagdverband (9)

Auswertung:

27–41 Punkte: Vergessen Sie's! Am besten klettern Sie gleich bei Spielfeld wieder über den Zaun, dann immer die Landstraße entlang bis zu dem Paddelboot, das sicher noch am Strand liegt.

42–63 Punkte: Mit dieser Auswertung sind Sie so österreichfit wie jeder zweite FPÖ-Wähler. Da geht noch was. Lernen, lernen, popernen!

64–81 Punkte: Streber! Ehrgeizling! Vermutlich auch schon einen Doktortitel hier erschlichen, oder? Na ... wenigstens kein Piefke.

Kartenspiele

[Kar|ten|spie|le], die, ist bereits Mz.

In Österreich kann man seine Frau auf drei Arten verlieren – durch Scheidung, Tod oder beim Kartenspielen. Das Kartenspielen ist des Österreichers liebster Leistungssport, denn er bedeutet erhebliche Belastungen für die Lunge (Zigaretten), die Leber (Alkoholzufuhr) und das Nervenkostüm (dank nächtelanger Kartenrunden, sog. „Card Raids"). Nur das Rückgrat wird beim Kartenspielen, aufgrund des sich ständig leerenden Portemonnaies, entlastet.

Die Legende berichtet von Männern, die beim Kartenspiel schon viel Geld gewonnen haben. Die Realität berichtet von Männern, die Haus und Hof verspielt haben – nachdem die Gattin daran glauben musste.

Des Österreichers liebste Kartenspiele sind Schnapsen, Tarock, Jolly[*], Uno und Panzerquartett. Während sich das Schnapsen im ländlich-ruralen Raum größter Beliebtheit erfreut (auch als LAN-Partys für Betagte bekannt: Lachen, Alkohol & Nikotin), freut sich der Städter auf die Tarockpartie. Jolly hingegen hat schon viele Familien in die Zerrüttung getrieben, und das Panzerquartett ist das Steckenpferd von doppeldeutschen Traditionalisten mit eklatanten Erinnerungslücken.

---

[*] In bildungsbürgerlichen Kreisen auch als „Canasta" bekannt.

Kavaliersdelikt

[Ka|va|liers|de|likt], das, -e

Unter einem Kavalier versteht man einen Mann, der Frauen den Hof macht, ganz gleich, ob sie dies wollen oder nicht. Als Delikt bezeichnet man wiederum ein Vergehen, das nur dann strafrechtlich verfolgbar ist, wenn der „Delinquent" nicht jemanden kennt, der jemanden kennt. Da man als echter Kavalier natürlich immer jemanden kennt, der jemanden kennt, versteht man unter einem Kavaliersdelikt ein Delikt ohne ernstliche Folgen bzw. eine „Bagatelle".

Hier einige Beispiele: Männer, die Frauen an den Popo fassen, haben diese damit praktisch schon kennengelernt, wozu also die ganze Aufregung?* Wer mit seinem Auto mit überhöhter Geschwindigkeit und/oder unter Alkoholeinfluss unterwegs ist, lernt womöglich einen Polizeibeamten näher kennen**, was aber nicht weiter tragisch ist, wenn man den Vorgesetzten des Beamten ebenso näher kennt. Und wer „vergisst", seinen Geschäftsumsatz zur Gänze zu besteuern, kennt zwar womöglich nicht den genauen Gesetzestext, meist aber einen hilfsbereiten Steuerberater. Man sieht also: Wenn man jemanden kennt, ist alles kein Problem. Das Gegenteil eines Kavaliersdelikts ist darum nicht von ungefähr das Schwarzfahren mit öffentlichen Verkehrsmitteln. Ebendieses hat aufgrund hoher Mahn- und Inkassospesen bereits viele Neo-ÖsterreicherInnen in den Ruin getrieben. Die kennen eben noch niemanden hier.

---

* Wenn man hingegen die Frau weniger begrapscht als hinter den Herd verbannt, nennt man das ein Gabaliersdelikt.
** Die Polizei hat in Österreich übrigens das Privileg, ausnahmslos Kavaliersdelikte zu begehen. Nehmen Sie sich also in Acht, wenn sie in Österreich einem uniformierten Kavalier begegnen.

Kurschatten

[Kur|schat|ten], der, keine Mz.

Die Kur ist das Las Vegas der Österreicher, denn man kann dort in kurzer Zeit mit hohen Einsätzen viel gewinnen – oder alles verlieren. Grundsätzlich gilt: Der Österreicher fährt ja nicht auf Kur, weil er krank ist, sondern weil es der Arbeitgeber zahlt. Es genügt, beim Hausarzt den Rücken zu krümmen, laut zu stöhnen und zu sagen: „Mei, die Bandscheiben!" Schon geht's ab in den Luftkurort mit angeschlossener Thermalquelle.

In der Regel ist man also in Topform, wenn man die Kur antritt, kein Schatten trübt das amouröse Abenteuer. Dieses lässt im Übrigen nicht lange auf sich warten, etwa wenn es im Aquagymnastikbecken eng in der Badehose wird, weil alle anderen Kurgäste und Kurgästinnen die Beine breitmachen. Das schwefelige Blubberwasser tut sein Übriges dazu, schon ist ein lauschiger Erstkontakt hergestellt.

Was sich beim Schwimmen im bacherlwarmen Wasser kennenlernt, das vertieft sich dann rasch beim „Gspritzten" am abendlichen Salatbuffet. Motto: Wenn man auf Kur schon nicht essen darf, was man will, will man zumindest nach Herzenslust naschen!

Ist die Kur glücklich überstanden, kann der Doktor noch so genau untersuchen, er entdeckt höchstens den Lungenschatten, nicht aber den Kurschatten. Den entdeckt aber vielleicht die Gattin oder der Gatte, was üble Folgen nach sich ziehen kann: Ehestreit, Scheidung, Sorgerechtsprozess, Depressionen, Zuflucht zum Alkohol, Arbeitsplatzverlust, Wohnungsverlust, Obdachlosigkeit etc. Und dabei hat alles so schön schattig begonnen.

Leberkäse

[Le|ber|kä|se], der, keine Mz.

Leberkäse ist ein Grundnahrungsmittel in Österreich. Charakteristisch ist seine eckige Form. Er besteht aus gepökeltem Rindfleisch, Schweinefleisch und ein bisschen Gewürzen. Für Profis gibt es noch den Käseleberkäse und den Pizzaleberkäse. Man isst ihn pur oder in einer Semmel. Das kostet nicht viel, aber man wird satt. Hasst man seine Umgebung, isst man Leberkäse in geschlossenen Räumen, so drückt der Österreicher u. a. seinen politischen Widerstand aus.

Lange vor dem Kebap war die Leberkäsesemmel der wahre Männer-Snack. Anders als die verweichlichte Kebap-Tunte, die mit Gemüse, Salat und, iiih, Dressing daherkommt, war die Leberkässemmel immer schon Puritanist, um nicht zu sagen Fundamentalist. Eine Semmel, ein Stück Fleisch, maximal noch eine Pfefferoni, fertig. So werden Glaubenskriege gewonnen!

Für Sie als Immigrant gilt: Wenn Sie eine Leberkässemmel in der Hand haben, wird die Umgebung Ihnen gegenüber wohlwollend sein, denn das bedeutet: Die Assimilation ist geglückt. Fleisch essen bzw. anderen beim Fleischessen zuzusehen, erregt bei Österreichern Freude. Das strahlt Normalität aus – und normal sein will jeder.° Dass Sie zudem auch Schweinefleisch essen, beruhigt die österreichische Bevölkerung, denn nur gute Menschen essen Schweine.

 Wenn Sie unter Männern sind und nach dem Essen rülpsen, kann Ihnen das sogar Szenenapplaus einbringen. Erst recht natürlich als Frau!

° Hierzulande muss es natürlich heißen: ... und „normal" sein will jeder.

Leistung

[Leis|tung], die, keine Mz.

In Österreich kommt das Christkind, aber nur, wenn du lauter Einser im Zeugnis hast. So ist das, bis du keine mehr hast, sondern Förderunterricht. Dann kommt es auch – wenn du nur keine Fünfer bringst! Und wenn du doch einen Fünfer hast, dann ... gut, dann kommt es immer noch, aber nur, wenn es nicht mehr ist als ein Fünfer und du dich zumindest bemüht hast. Irgendwann stellt sich beim Eintreffen des Christkinds schließlich aber doch die Frage: „Wos woa mei Leistung?"

Das Leistungsanreizsystem des Christkinds ist zugegebenermaßen sehr komplex, aber Andreas Khol hat damit noch seine Matura geschafft. Das war allerdings, bevor sich das Christkind endgültig gegen das Rohrstaberl (Bildungsreform 1995) durchsetzte. Seither erscheint das Christkind praktisch jedem leistungsbewussten Österreicher – von Dompfarrer Toni Faber bis zum „Bundespräsident der Herzen" Norbert Hofer – um wichtige Tipps zu geben, etwa wie man daS/daSS-Fehler vermeidet. Denn bei SS-Fehlern lässt sich der Österreicher nicht gern ertappen!

Leistung ist also ein scheues Reh in Österreich. Eine Studie in sechs Wiener Kindergärten hat ergeben, dass das Christkind jedenfalls dann nicht kommt, wenn es ein islamischer Kindergarten ist. Das ergaben auch verdeckte Ermittlungen des BMI in ausgewählten Scharia-Bastelrunden. Im Übrigen streiten sich sunnitische und schiitische Gelehrte bis heute erbittert um die Frage, wie viele Einser im Zeugnis denn Mohammed hatte*. Was vielleicht einiges erklärt.

---

* Jesus hatte natürlich lauter Einser im Zeugnis. Vgl. Joh. 27.18

~~Loyalität~~ Treue

[Treu|e], die, keine Mz.

Treue oder Loyalität, diese Frage stellt sich kaum. Kein Wunder, sind die meisten Österreicher doch zu faul um zu googeln, wo denn da jetzt der Unterschied ist. Wir verraten es hier exklusiv, die Loyalität hat der Treue das Prinzip voraus. Loyal ist man, wenn man grundsätzlich treu ist (aus Überzeugung bspw.). Treu hingegen man, weil es einem grad passt. Darum ist das mit der Treue auch so eine Sache, sie ist schnell versprochen (z.B. am Standesamt), sie ist schnell eingefordert („Bei mir bleibst!"), aber sie ist gar nicht so einfach selbst eingehalten. Man glaubt es kaum, aber ein Techtelmechtel oder Gspusi ergibt sich in Österreich schneller, als die Sittenpolizei erlaubt – nicht einmal eine herunterhängende Bierwampe oder ein halb maroder Zustand schützen davor (→ *Kurschatten*).

Aber der Österreicher ist nicht blöd, er kennt sich selbst. Er weiß, dass er der Treue nicht treu sein kann (und der Loyalität schon gar nicht). Da er sich diese unausweichliche Enttäuschung lieber gleich ersparen will, hält er (bzw. sie) sich einen Hund, denn der ist bekanntlich ein Leben lang treu (→ *Tierliebe*). Ebenfalls gilt seine Treue der → *Heimat*, schließlich kann man die Heimat behandeln wie man will: Man kann in ihr scheißen, furzen, pissen, grölen, saufen, kotzen oder sich wie eine verlogene Drecksau aufführen, sie wird immer die Heimat sein. So einem folgsamen Begriff muss der Österreicher natürlich treu sein! Und nicht zuletzt wird der Österreicher auch gerne für seine Treue belohnt. Treueprämien, Treuepunkte und Rabattaktionen gehören zu den kleinen Freuden des austriakischen Alltags. Auch das ist verständlich, denn diese Errungenschaften marktliberalen Denkens verlangen dem Kunden keinerlei Überzeugung oder Prinzipien ab. So mag es der Österreicher eben. Er ist dann am liebsten treu, wenn man nichts von ihm verlangt.

Jetzt mit 10% Treueprämie!

Mahlzeit

[Mahl|zeit], die, -en

Die Mahlzeit ist eine spezielle österreichische Tageszeit (siehe auch → *Zeitmaße*) und erstreckt sich von etwa 10 bis 15 Uhr. Während der Mahlzeit ist in hiesigen Betrieben und v. a. öffentlichen Einrichtungen mit beschränkter Produktivität zu rechnen, da der Angestellte, von dem man etwas braucht, gerade auf Mittagspause geht, von der Pause kommt, das Mittagessen verdaut, jetzt erst einmal noch einen Kaffee oder eine Zigarette braucht, bzw. auf seinen Kollegen warten muss, der gerade auf Mittagspause geht, von der Pause kommt usw.

Während der Mahlzeit Stress zu machen, gilt als furchtbar unhöflich und als Kennzeichen von Piefkes und Nichtösterreichern im Allgemeinen. Immerhin erfüllt die Mahlzeit eine wichtige soziale Bindefunktion: Während der Mahlzeit grüßen sich alle, unabhängig vom sozialen Stand oder der firmeninternen Hierarchie, mit „Mahlzeit". Sind Sie sich also unsicher, ob Sie mit Ihrem Gegenüber per Du oder Sie sind, oder haben Sie Zweifel bezüglich der richtigen Anrede (Frau Magister, Herr Inspektor, mein Präsident etc.), so warten Sie einfach bis nach 10 Uhr und sagen: „Mahlzeit!"

Nichtsdestotrotz ist die Mahlzeit die einzige Zeit, wo eine Amtsperson in der Regel erreichbar ist. Denn vor der Mahlzeit ist sie meistens „noch nicht da" und nachher meist „schon weg".

Minderheiten

[Min|der|hei|ten], die, -en

Österreich schaut auf seine Minderheiten! Damit sich grenznahe Volksgruppen ruckzuck integrieren können, wird schon bei der Ortsankunft großer Wert auf die korrekte Sprachwahl gelegt.

~~Hardegg~~
Hartei

~~Fucking~~
Ficking

~~Allhaming~~
Alles Speck!

~~Felsőőr~~
Oberwart

Musikalität

[Mu|si|ka|li|tät], die, keine Mz.

Der Österreicher ist im Grunde ein sehr musikalischer Mensch, er zeigt es nur nicht oft, weil ihm seine → *Gemütlichkeit* dabei im Weg steht. Erst wenn diese sich zu Ausgelassenheit steigert, beginnt er zu singen – und zwar je nach Bildung ein Volkslied, einen Schlager oder er pfeift eine Melodie von Mozart. Trotzdem ist dem Österreicher die Musik das vielleicht Wichtigste überhaupt, wichtiger als die → *Berge*, der Wein, das Quellwasser aus der Leitung oder dass Südtirol wieder zu Österreich gehören soll. Um dieses Phänomen zu verstehen, ist ein kurzer Exkurs in die österreichische Musikgeschichte unvermeidlich.

Mozart und die Folgen

Alles begann mit Wolfgang Amadeus Mozart. Der talentierte Mann, der keine 37 Jahre alt wurde, komponierte verspielte, heitere Stücke, die allesamt nach gepuderten Perücken und goldbeschlagenen Spieluhren klingen. Eine sehr ähnliche Musik komponierte auch Joseph Haydn, ein Kapellmeister aus Eisenstadt. Etwas schwermütiger war Franz Schubert, der hunderte Lieder komponierte (und gar nur 31 Jahre alt wurde); etwas schwungvoller wiederum waren Johann Strauß und seine beiden Söhne, die den → *Walzer* erfanden und kultivierten. Lange Jahre später entdeckte man, dass die Musik dieser Herren – die man salopp (aber inkorrekt) als „Wiener Klassik" bezeichnen könnte – Musikliebhaber in der ganzen Welt begeistert. Bald strömten seltsame, äußerlich kaum voneinander unterscheidbare Wesen in Scharen nach Österreich, um hier die „Quelle" dieser Musik zu finden. Seither wird im „hochkulturellen" Österreich praktisch nur noch „Klassik" gespielt.

Vom Volkslied zum Schlager

Wem „Klassik" zu verkopft ist, der singt Volksweisen bzw. in der Stadt sogenannte Wienerlieder. In diesen beklagt der Österreicher, dass alles irgendwie „a Schas" ist, aber wenn man sich einmal noch verlieben oder wenigstens einen anständigen (→ *Anstand*) Rausch mit nach Hause tragen könnte, wäre es doch irgendwie auszuhalten bzw. hinge, wie es in einem Lied heißt, „der Himmel voller Geigen". Aus dieser schwungvollen Raunzerei entwickelte sich nach dem Zweiten Weltkrieg der „Schlager", eine Art stillschweigende Vereinbarung mit der Populärkultur Deutschlands. Weil die Sache mit Adolf Hitler und den vergasten Juden *eher doch* peinlich war, außerdem hat man den Krieg *eher schon* verloren, hatte das Volk bald Migräne von all den düsteren Nachkriegsgedanken. Das muss etwa Anfang 1946 gewesen sein. Man wollte also lieber „etwas Fröhliches", „nicht ganz so Schweres" hören. So entstand die Schlagermusik, in der fast immer alles gut, schön oder zumindest hoffnungsfroh ist. Eine Legion von Schlagerinterpreten versichert seither, dass man ja nur Entertainer sei und das Publikum zu unterhalten habe. Wer das Publikum hingegen unbedingt deprimieren wolle, nun gut, der mache eben „Kunst".

Austropop und neue Volksmusik

Das wollten nicht alle österreichischen Musiker so hinnehmen. So entstanden viele Jahre später zwei Gegenbewegungen. Die eine hieß Austropop und war im Grunde der Versuch, auch einmal über die nicht ganz so schönen Seiten im Leben zu singen (vgl. z. B. Songs wie „A Gulasch und a Seidl Bier" von Wolfgang Ambros, „Oben ohne" von Rainhard Fendrich, „Mei potschertes Leb'n"

Musikalität

Fortsetzung

von Hans Orsolics). Die zweite Bewegung hieß Volksmusik und war im Grunde der Versuch, die üblichen verlogenen Lieder getreu alter volksmusikalischer Traditionen zu trällern (vgl. z. B. „Stadlshow", „Ins Land einischaun" etc.). Beide „Rebellionen" waren binnen kürzester Zeit zum Scheitern verurteilt, was wiederum am schweren Erbe Mozarts liegt. Denn wer in Österreich Musik macht, glaubt binnen kürzester Zeit, ebenso bedeutend und berühmt wie Mozart sein zu müssen. Um dieses Ziel zu erreichen, biedert man sich unentwegt an sein Publikum an, wodurch man über kurz oder lang schließlich beim Schlager landet.

Merke: Der Österreicher macht nie etwas um der Sache willen, sondern stets, um damit Wohlgefallen zu erreichen. Scheitert er darin, ist er allerdings umso gekränkter. Aus diesem etwas artifiziellen Melodram (der Österreicher besingt z. B. nicht seinen Herzschmerz, sondern dass ihm niemand Beifall spendet, wenn ihm einmal das Herz blutet, siehe Falco) entsteht allerdings von Zeit zu Zeit doch ein waschechter Blues bzw. richtig gute Musik. Oder um es so zu sagen: Gute Musik wird in Österreich nicht gemacht, sie passiert hin und wieder ganz einfach.

Im Übrigen kam Mozart nie dazu, sich im Applaus der Massen zu suhlen. Und auch, dass das kleine Wolferl auf dem Schoß der Kaiserin Maria Theresia gesessen sein soll, ist nur eine Legende. Die Wirklichkeit liest sich ganz anders. Auf die Frage des Erzherzogs Ferdinand, ob er den jungen Mozart in seine Dienste nehmen solle, antwortete die Kaiserin: „Ich glaube nicht, dass Sie sich um einen Compositeur oder sonst unnütze Leute zu bekümmern haben. [...] Ich rate Ihnen jedoch, sich nicht mit unnützen Leuten zu belasten – und niemals Titel für diese Sorte. [...] Es entwertet den Dienst, wenn sie wie Bettler in der Welt umherziehen; außerdem hat er eine große Familie." Auch in dieser Hinsicht ist das Phänomen Mozart typisch für die Musik in Österreich. Die ist nämlich immer dann am besten, wenn sie von ihren Zeitgenossen verkannt wird.

Fünf Möglichkeiten, sich musikalisch zu integrieren

Ein Volksmusikfest

Die Hardcorevariante: Schunkeln, bis der Arzt kommt, mit Lederhose und Dirndl. Aber Vorsicht: Unterwanderung durch deutsche Mentalität!

Ein Klassikkonzert

Idealerweise im Wiener Musikverein. Für gehobene Gemüter. Hingehen, um gesehen zu werden. Eineinhalb Stunden Langeweile ertragen, dafür als „kulturinteressiert" geadelt.

Ein Heurigengstanzl

Am besten direkt in Grinzing und mindestens mit einer Ziehharmonika (bzw. Quetschn), einer Zither oder einer Knopfgitarre. Am Ende gibt's „an Schülling füa de Musi".

Die Wiener Stadthalle

Ganz egal ob Rihanna oder Wolfgang Ambros, was immer dort gespielt wird, das „Feeling" im Publikum wird ein typisch österreichisches sein.

Ein illegales Rave

Da sind Sie als Illegaler endlich unter Ihresgleichen.

Naturverbundenheit

[Na|tur|ver|bun|den|heit], die, keine Mz.

Als man unsere Grenzen noch arglos überschreiten konnte, wanderten Persönlichkeiten wie Napoleon und Problembär Bruno ins Land, um sich auf unseren Wiesen zu wälzen und ein paar Eierschwammerl zu naschen. Ja, Österreichs Natur ist so appetitlich, dass sie ein Promi wie Mirjam Weichselbraun in der TV-Werbung vom Joghurtlöffel leckt. Wenn Sie „Zurück zum Ursprung" auf einer Tiefkühllasagne lesen, heißt das also nicht zwangsläufig, dass Ihr Asylbescheid abgelehnt wurde. In Österreich ist eben überall Natur, selbst zwischen zwei Konservierungsstoffen. Natur ist auch, wenn Odin Wiesinger an der Schlafzimmerwand einen verliebten Eber ejakulieren lässt. Das hat mit der Säftelehre von Hippokrates zu tun. Am liebsten verbinden wir uns mit der Natur, indem wir in den Badeteich urinieren. Denn wie der Inder seinen Ganges, so liebt der Wiener seine Au! Kinder streicheln dort unter Zwang gebastelte Kastanientiere, Biber schleppen gelegentlich beschwipste Pensionistinnen ab. Wenn man still ist, kann man auf Kärntner Gewässern sogar einen seltenen Adeligen bei der Steuerhinterziehung beobachten. So viel Idylle kotzt uns eigentlich an – wer einmal versucht hat, einen Traktor zu überholen, kuschelt sich gerne wieder zurück ins Industriegebiet.

Ein Stückchen Natur können Sie also haben (→ *Großzügigkeit*), z. B. ein Fleckchen Gras für das Zelt, sofern Sie nicht damit dealen! Schauen Sie regelmäßig *Universum* bei niedriger Lautstärke, das besänftigt Ihren wilden fremdländischen Geist. Und nehmen Sie einmal an einer zünftigen Treibjagd in Niederösterreich teil – sofern Sie Alkohol trinken dürfen. Passen Sie aber auf, dass Ihnen dabei niemand ein Amt oder eine Geschäftsgelegenheit zuschanzt, denn → *Freunderlwirtschaft* wird in Österreich bekanntlich strengstens geahndet.

Nächstenliebe

[Nächs|ten|lie|be], die, keine Mz.

Den Nächsten lieben wie sich selbst meint, dass sich jeder selbst der Nächste ist. Die Nächstenliebe ist eine Erfindung von Jesus „Issa ibn Maryam" Christus, der bekanntlich der erste Österreicher („Christkind") war. Der gute, böse Samariter war ja nicht nur ein verfeindeter Krieger, er war vor allem der Einzige, der da war. Was hätt' er tun sollen (um einer Unterlassungsklage zu entgehen)?

Nächstenliebe ist geboten, wenn sonst nichts geboten ist bzw. wird. Man liebt seine Nachbar_innen, wenn sie Schnee schaufeln, einkaufen gehen und die Thujenhecke schneiden, weil man dafür nichts zahlen muss. In der Zwischenzeit kann man die Nächste lieben, zum Beispiel die Frau Pospisil, während Herr Pospisil Holz bei den Cirkovics stapeln hilft. Frau Pospisil und Herr Cirkovic sind, auch wenn es so klingt, keine Ausländer_innen. Sie sind scharf bzw. praktisch veranlagt. Ausländer_innen sind mehr so mit scharf. Das mögen wir, aber *lieben*?

Seit einigen Jahren droht ein österreichischer „Politiker" (→ *Partei*) den Nächsten penetrant mit seiner Liebe. Inzwischen sind viele bereit, ihn halt einmal drüberfahren zu lassen, in der Hoffnung, dass er dann eine Ruhe gibt. Wie sagte schon einst Fleischer Oskar in Ödön von Horváths Geschichten aus dem Wienerwald: „Meiner Liebe entgehst du nicht!" Als Immigrant gelten Sie aber sowieso noch lange nicht als Nächster und sind somit der Liebe nicht würdig. Sie sind hierzulande einfach nur der Gefickte.

Nährwerte ...

... der österreichischen Regierung

Wovon ernähren sich eigentlich österreichische Politiker? Leben sie gesund? Gehen sie mit gutem Beispiel voran? Wir haben elf Topnährwerte zusammengestellt.

1.	Freunderlwirtschaft
2.	Kavalierskorruption
3.	Chauvinismus
4.	Spargel
5.	Chianti°
6.	Neutralitätsausrede
7.	Buberlpartientum
8.	Siegreicher Kasperl
9.	Packelei
10.	Unterwürfigkeit
11.	Größenwahn

° Anm. an unsere Lektorin: Der Chianti war einst in Politkreisen wegen seiner orange-roten Farbe ein sehr geschätzter Wein. Heute tendiert man mehr zu einem derben Blaufränkischen oder zu nobleren Weinen, die nichtsdestotrotz „Primitivo" heißen.

Neid

[Neid], der, keine Mz.

Neid ist der größte Antrieb des Österreichers überhaupt. So will der Österreicher nicht deswegen viel Geld verdienen, um reich zu sein, viel wichtiger ist ihm, dass die anderen nicht „sein Geld" kriegen. „Warum muss ich für die Jahreskarte 365 Euro zahlen, während der Flüchtling sie gratis kriegt?", hört man beispielsweise oft. Man weiß natürlich, dass das nicht stimmt. Den Flüchtlingen schenkt – außer der Caritas vielleicht – niemand eine Fahrkarte. Und bei einem monatlichen „Taschengeld" von € 40,- ist so ein Ticket eine ganz schön teure Angelegenheit. Aber der Österreicher sagt dann: „Da kenn' ich jemand bei den Wiener Linien, der hat mir etwas ganz anderes erzählt!" Darum merke: Der Neid und das Gerücht sind das österreichische Trachtenpärchen des Hasses.

Doch im Grunde braucht der Österreicher keine Flüchtlinge, um neidig zu sein. Es genügt der Nachbar, dem man das neue Auto neidet, obwohl man vielleicht genau dasselbe hat. Klingt das paradox? Aber nicht doch, denn hat der Nachbar eine alte Rostschüssel, belebt das erst recht den Neid. Offensichtlich hat der Nachbar kein Geld, er lebt also von der Sozialhilfe, dieser Schmarotzer! „Der lässt es sich ja gut gehen auf unsere Kosten, so eine Sau!" Dem Neid sind in Österreich keine Grenzen gesetzt. Das Einzige, was der Österreicher nicht neidet, ist eine Krankheit, die so schlimm ist, dass man nicht einmal den Krankenstand genießen kann. Allerdings könnte man dem Betreffenden eventuell das Mitleid, das er dafür einheimst, neiden. Und wenn der Nachbar schließlich tot ist, neidet man ihm zu guter Letzt das teure Begräbnis oder die vielen Trauergäste, weil man insgeheim weiß, dass zum eigenen Begräbnis nie so viele Leute kommen würden, schließlich war man ein Leben lang ein neidiger Hund!

Nestbeschmutzung

[Nest|be|schmut|zung], die, keine Mz.

Stellen Sie sich vor, Sie haben einen schönen Garten. In diesem Garten wohnen auch einige Vögel. Sie erfreuen sich an deren schönem Gesang. Schon bald fällt Ihnen aber auf, dass manche Vögel lauter zwitschern als andere, ja fast schreien. Und Sie stellen fest: Je weiter Sie ins rechte, hintere Eck ihres Gartens lustwandeln, desto lauter werden diese Schreie.

Sie schimpfen wie die Rohrspatzen auf die Vögel in der linken Hälfte Ihres Gartens. Und wenn Sie genau hinhören, verstehen Sie sogar dieses eine Wort, das immer wiederzukehren scheint: „Nestbeschmutzer, Nestbeschmutzer, Nestbeschmutzer!" Die Vögel in Ihrer rechten Gartenhälfte plustern sich jedes Mal furchtbar dabei auf, wenn sie dieses Wort in die andere Gartenhälfte hinüberzwitschern.

Also schauen Sie sich die linke Hälfte Ihres Gartens genauer an. Sie stellen fest, dass die Vögel dort tatsächlich ganz schmutzige Nester haben. Als Baumaterial finden Sie Fetzen alter Zeitungen, Hundehaare und Kot. Das finden Sie natürlich furchbar grauslich. Mag es daran liegen, dass dort vermehrt Arten wie Bernhardfink, Jeleneksperling und Qualtingerschwalbe leben? Angewidert gehen Sie zurück in Ihr Haus, setzen sich an den Computer und suchen im Internet nach Antworten. Sie lesen, dass Nestbeschmutzung in der Vogelwelt ganz normal ist. Für Sie grausliche Abfälle sind für Vögel willkommene und wichtige Materialien, um ihre Nester zu bauen.

Zurück in Ihrem Garten stellen Sie fest, dass die Vögel in der rechten Hälfte ihre Nester auf dieselbe Art gebaut haben wie alle anderen auch. Aber noch etwas fällt Ihnen auf: Die Vögel aus Ihrer rechten Gartenhälfte schwärmen nur selten aus. Sie verbringen den ganzen Tag in ihren Nestern, nur einmal im Jahr fliegen sie kurz in Nachbars Garten, um sich dort in dessen Vogeltränke abzukühlen. Danach fliegen sie sofort zurück und schimpfen über die mangelnde Qualität der Futterkörner im Nachbarsgarten und die unfreundlichen Nachbarvögel.

Dann fällt Ihnen auf: Die Vögel aus der linken Gartenhälfte sind ständig unterwegs. Aus der Vogelperspektive sehen sie viele andere Gärten, dabei fällt ihnen so manches auf, was an Ihrem Garten nicht so toll ist. Wenn sie zurückkommen, zwitschern sie diese Probleme an. Außer zum Nestbau nehmen sie sich kein Blatt vor den Schnabel. Darüber plustern sich die Vögel in Ihrer rechten Gartenhälfte gleich wieder furchtbar auf.

Plötzlich werden Sie aus Ihren Tagträumen gerissen. Ihr erster Gedanke ist: Zum Glück hab ich keinen Garten, der bringt doch nichts als Schererereien. Und dann gehen Sie und kaufen sich ein saftiges halbes Hendl mit einer unendlich knusprigen Haut. Mmmmh!

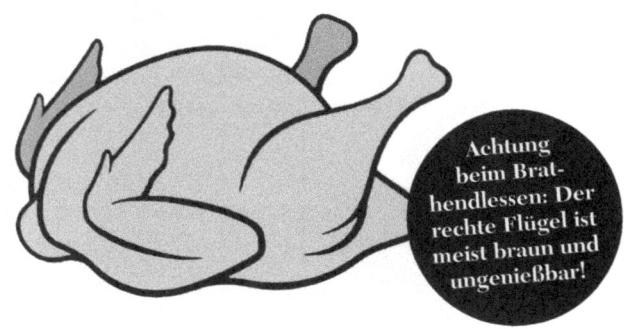

Achtung beim Brathendlessen: Der rechte Flügel ist meist braun und ungenießbar!

Neutralität

[Neu|tra|la|la|la], die, kaum Mz.

Nachdem Österreich in der ersten Hälfte des 20. Jhds. zwei Weltkriege verloren hatte, wollte kein anderes Land mehr mit ihm verbündet sein. So wurde Österreich 1955 neutral. Da seitdem kein Land jemals wieder einen Weltkrieg verloren hat, kann dieses Konzept als durchaus erfolgreich gelten. In der Praxis bedeutete die Neutralität für Österreich, dem Kapitalismus zu frönen und trotzdem einen Kosmonauten auf einem Sowjetraumschiff unterzubringen. Das soll uns die Schweiz mal nachmachen!

Ein weiterer angenehmer Nebeneffekt war die Anregung der heimischen Wirtschaft durch den internationalen Geheimdiensttourismus. Da jeder Österreicher im Grunde seiner Seele Doppel- oder Dreifachagent ist, ergaben sich für ambitionierte Fensterspechtler wunderbare Denunziationsmöglichkeiten. Auf dem Höhepunkt des Kalten Krieges bestand der Großteil des Datenmaterials der CIA und des KGB aus sorgfältig recherchierten Informationen zum außerehelichen Liebesleben Wiener Gemeindebaubewohner.

Seit Ende des Ostblocks wird die Neutralität aber immer wieder infrage gestellt. Der ehemalige Bundeskanzler Schüssel nannte sie einst in einem Atemzug mit Mozartkugeln und Lipizzanern, und bekanntermaßen ist deren Tauglichkeit für die Landesverteidigung angesichts moderner Waffensysteme nur noch begrenzt gegeben.

Vielen österreichischen Offizieren ist es im Kontakt mit Kollegen aus NATO-Ländern peinlich, noch nie Bomben im Kampfeinsatz abgeworfen zu haben. Zwar ist ein Bündnisbeitritt vorläufig kein Thema, aber immerhin hat sich die Regierung schon 2002

mit Hinblick darauf, dass zukünftige Kon-
fliktherde im trockenen Klima des Nahen
Ostens zu erwarten sind, dazu entschlossen,
rein schönwettertaugliche Eurofighter anzuschaffen.

Nicht zuletzt stellt das Neutralitätsgesetz auch ein Exporthindernis
für die heimische Waffenindustrie dar. Lieferungen ins Ausland
müssen mit der Aufschrift „Achtung! Nicht für kriegerische Zwe-
cke!" versehen werden. Großabnehmer erhalten dafür aber immerhin einen mit Mozartkugeln gefüllten Lipizzaner gratis dazu.

4 Beispiele, wo sich Neutralität auszahlt

Sport

Im Gegensatz zu den heimischen Fußballern waren heimische
Schiedsrichter schon in internationalen Turnieren vertreten.

Innenpolitik

Es sowohl „linken" wie „rechten" WählerInnen recht machen
wollen, führt zwar zu politischem Stillstand, ist aber nichtsdestotrotz eine häufige Politpraxis in Österreich.

Pubertät

Wenn Mama und Papa wieder einmal streiten, bloß keine Stel-
lung beziehen, sonst gibt's nur noch halb so viele Geschenke.

Im Glauben

Man weiß es ja nicht. Es könnte ihn ja trotzdem geben. Den Teu-
fel jetzt. Und dann hätte man sich diesseitig vielleicht doch ein
wenig zusammenreißen sollen.

Opferbereitschaft

[Op|fer|be|reit|schaft], die, keine Mz.

„Österreich, du Opfer!" ist ein verbreitetes Trostwort nach nationalen Großereignissen wie einem Fußballspiel. Oder einem Weltkrieg. Österreich war ja überhaupt das aller(alleraller)erste Opfer, damals, in den Jahren, an die sich der Großvater und der Gudenus senior so schlecht erinnern können, mit denen sie und Österreich aber jedenfalls nicht das Geringste zu tun hatten! Sogar die Staatsgrenzen, quasi das Hosentürl jeder ernst zu nehmenden Republik, hat man geopfert – zumindest die zu den Deutschen. Und die anderen hat man ein bisschen verschoben, um sich strukturschwächeren Regionen wie Polen anzubieten. Hätte Österreich geografisch nicht schon die prototypische Form eines Schweinsschnitzels, wäre es ein Lamm. Und wir würden uns wieder opfern, wenn die Welt unsere Hilfe und Kanonen braucht. Aber weil wir die fast alle damals in den Iran geliefert haben, opfern wir jetzt, was uns noch bleibt. Unsere Glühbirnen der EU. Und den Deutschen die Arbeitsplätze.

Am jährlichen Opferball wird zum gemeinsamen Würstelessen in die Oper geladen. Es ist dies eine der wichtigsten Traditionen des Landes. Wie die Wurstabfälle in die Haut, quetschen sich dort ein paar Opfer von Schultanzkursen immer wieder an Richard Lugner vorbei, der dort an jeder Ecke aus dem Boden schießt. Leider kann man den nicht an den Iran verkaufen. Mindestens zwei Ersatzstrumpfhosen muss man für einen Ballabend in der Oper opfern. Aber dann hat man eben auch dieses schwitzige Gefühl von Altruismus, das man sonst nur beim Anblick des zerknuddelt blutigen Jesus im Winkel hat, der sich für unsere Sünden geopfert hat. Dafür essen wir ihn einmal in der Woche in Form einer Oblate.

Panier

[Pa|nier], die, keine Mz.

Schon lang vor der bahnbrechenden Erfindung von Handy-Hüllen hat man in Österreich ein ausgeklügeltes System entwickelt, um wichtige Dinge nicht nackt und ungeschützt zu lassen. Allen voran Fleisch, das macht uns alle schließlich aus, also balsamiert man es mit Ei und Mehl und Brösel bis zur Unkenntlichkeit ein. Panier ist ein Veredelungsprozess für totes Tier, um diesem zum günstigsten aller Energiezustände zu verhelfen, dem Schnitzel.

Und weil uns leichte Brauntöne in Österreich beruhigen, wird auch alles andere paniert, was keinen Widerstand leistet: Emmentaler, Champignons, Leberkäse, Palatschinken, (Analog-)Fisch. Die Kantinen des Landes renovieren darin regelmäßig noch einmal das Essen der letzten Woche.

Finales Ziel der Panier ist die Werterhöhung des Umhüllten durch Ansaugen mit Öl. Versuchen Sie das aber nicht mit Ihrem Sparbuch, das ist derzeit hoffnungslos. Vielleicht reichen Ihre Zinsen nach zehnjähriger Bindung ja noch für eine Schnitzelsemmel. Bei dieser aufwendigeren Variante des Panierverfahrens wird das Schnitzel übrigens noch einmal von zwei Weißmehldeckeln umhüllt, damit man ein Salatblatt mitessen kann. Bélla geránt alií, tu felix Austria frittiere!

Auch sich selbst veredelt der Österreicher gern, indem er sich ins Öl wirft, bis er vollständig paniert ist. Quillt es dann wieder aus ihm heraus, ruiniert er sich die Panier.

Partei

[Par|tei], die, -en

Österreich wurde nach dem Zweiten Weltkrieg neutral, d. h. vom Westen übernahm man den Kapitalismus und vom Osten das Erfolgsmodell der Parteidiktatur. So bewies man, dass auch zwei Parteidiktaturen parallel in gutem Einvernehmen bestehen können, solange es genügend Ämter und Titel für alle gibt. Unvermischt und ungetrennt ließ der österreichische Rot/Schwarz-Dualismus selbst Yin und Yang verblassen. Die Zweite Republik war ihr eigenes SPÖVP-Paralleluniversum. Mit ihren unzähligen Funktionärsebenen sorgten die Parteiapparate für die notwendige Stratifizierung° der Gesellschaft und schufen gleichzeitig umfassende Egalität: Vor der Partei waren alle Menschen gleich, der Partei waren alle Menschen gleich.

Ein grundsätzliches Problem dieses Systems bildete die zunehmende Zahl der Parteistaatslosen. Zum einen waren dies Personen, die eine Parteimitgliedschaft aus Gründen individueller Eitelkeit ablehnten (Keimzelle der Grünen), in der Mehrzahl aber diejenigen, welche für eine Karriere in den Großparteien schlichtweg zu blöd waren (FPÖ). Die versuchte Etablierung eines dritten Parteidiktaturapparates durch die Freiheitlichen ließ sich schließlich nur noch durch umfassende Korruption finanzieren. Im Endeffekt wurde der Parteienstaat der Zweiten Republik dadurch ausgehöhlt. So ist heute der bedauernswerte Zustand eingetreten, dass eine Parteimitgliedschaft nicht mehr die einzig notwendige Qualifikation darstellt. Es gehört schon auch noch Geld dazu.

° Googeln Sie das doch bitte selbst. Oder sind Sie noch nicht integriert?

Patriotismus

[Pa|trio|tis|mus], der, keine Mz.

Patriot reimt sich in Österreich auf Idiot. Vielleicht auch in Deutschland, aber davon wissen wir nichts, als echte Patrioten wollen wir mit unseren Nachbarländern nichts zu tun haben. Das sind ja Ausländer, igitt! Nein! Wir sind wir! Und wir sagen (bzw. singen): „Solong i leb und otman konn, wird dieses Land allein mein Zuhaus und meine Liebe sein!" (sic! bzw. © John Otti Band)

Ursprünglich stammt der Begriff vom griechischen patriá, dem Vater, ab und meint „Vaterlandsliebe". Das an sich ist schon Unfug, denn bekanntlich ist der Vater oft ein rollender Stein und treibt sich lieber im Wirtshaus als zuhause herum, weswegen die eigene Herkunft meist enger mit der Mutter verknüpft ist. Zutreffender wäre also Matriotismus, aber selbst wenn wir jetzt alle Geschichtsbücher umschreiben, würde das nichts an dem Umstand ändern, dass sich niemand aussuchen kann, wo er auf die Welt gekommen ist. Und wenn man nicht gerade an ein kosmisches Schicksal glaubt, ist es schwer zu verstehen, wieso sich daraus patriotischer Stolz entwickeln sollte. Patrioten sind offenbar radikale Geburtslottofanatiker, denn mit demselben Recht könnte man sich auch etwas auf sein Glück beim → *Kartenspielen* einbilden. An einem bestimmten Ort auf die Welt gekommen zu sein ist nur dann ein Verdienst, das die eigene Brust vor Stolz anschwellen lassen darf, wenn man selbst der eigene Vater und die eigene Mutter war, man sich also sozusagen in Eigenregie zusammengefickt hat. Derartige Inzestgeburten sind, wie die Medizin weiß, mit erheblichen Erbfehlern belastet und meistens schwindsüchtig bis zur Demenz. Kein Wunder also, dass sich Patriot in Österreich auf Idiot reimt.

Pfusch

[Pfu|sc|h], der, keine Mz.*

Pfusch* ist in Österreich die gängige Bezeichnung für Schwarzarbeit. Schwarzarbeit bezeichnet hier nicht das ökonomische
Tätigwerden dunkel- und fremdhäutiger Menschen, wie Sie sich
Ihnen vielleicht denken könnten, vielmehr geht es hier um Arbeit
auf ohne Rechnung. (sic!)

In Deutschl. bedeutet Pfusch nur schlechte oder mangelhaft
ausgeführte Arbeit. Bei uns auch, aber das ist   hier nicht illegal.
Der andare Pfusch aber schon! Der vorliegende Beitrag soll Ihnen zur Orientierung dienan.

Unbedingt korrigieren!

```
----------
|        |
| Legal  |
----------
```

Erlaubt ist	VERBOTEN ist
• 1. Nachbarschaftshilfe – als Nachbarn gelten Personen und Personengesellschaften, die prinzipiell zu Fuß erreichbar sind, wenn dabei nicht die EU Außengrenzen überschritten werden müssen.	1. Arbeit im 13. und 14. Monat, wenn dafür bereits Urlaubs- oder Weihnachtsgeld kassiert wurde.
• 2. Verkauf von Sonnenbrilln	2. Sonntagsöffnung, außer für Reisebedarf und Substis.
■ Sexuelle Gefälligkeiten *So viele Fehler!* und Prostitution im familiären Rahmen	3. Berufskillerei und so Delikte!
■ Arbeit am Bauernhof, wenn über's Reisebüro gebucht.	
• 7. Elektroinstallationen	

Pfusch ist kein → *Kavaliersdelikat* und hat historisch unvergleichlichen Schaden angerichtet. So wurde zum Beispiel die komplette Barbierbranche durch uneinsichtige Selbstrasierer ausgeblutet. Der Wirtschaftsstandort Österreich ist davon abhängig, dass Sie alle unsere Steuern zahln.

Sollten Sie sich aber wider Erwarten zum Leistungsträger mausern oder gar erhebliches Kapital mitbringen, bieten wir Ihnen mit attraktiven Privatstiftungen und großherzigen Gruppenbesteuerungsmöglichkeiten ein breites Toolkit zur Steueroptimierung an.

Lektor muss einprüfen!

---

* Gastbeitrag von Irem Finanzminister!

Proporz

[Pro|porz], der, keine Mz.

Der Proporz ist ein selbsterklärender Begriff. Er ist empfindlich. Darauf weist die Endung „-porz" hin, die vom Porzellan stammt. Und der Proporz ist gut für Österreich. Darauf weist die erste Silbe „pro" hin. Und weil er so gut und empfindlich ist, wird er seit Jahrzehnten gehegt wie Omas Porzellansammlung. Allerdings kommt er deutlich häufiger zum Einsatz als jene. Vom Arbeitsmarktservice bis zum Verbundkonzern, von der Nationalbank bis zum ORF: In sämtlichen Etagen muss Schwarz und Rot ausgeglichen vertreten sein. Hier zeigt sich der historische Bezug zum Porzellan. Das stammt ursprünglich aus China. Und so ist Rot und Schwarz (vgl. → *Partei*) das Yin und Yang in der Minimundus-Ausführung. „Sie stehen für polar einander entgegengesetzte und dennoch aufeinander bezogene Kräfte oder Prinzipien", erklärt Wikipedia die beiden taoistischen Begriffe. Besser könnte auch Prof. Filzmaier° den heimischen Proporz nicht erklären.

Der Proporz ist ein Kind des Nachkriegsösterreich. Damals wurde er stolz herumgereicht und geherzt. Man liebte ihn und wollte teilhaben an seinem Segen. Das ist heute anders. Er hat ein Imageproblem. Er ist die Kanalratte der Postenbesetzung, das WC-Papier des Karrierewegs, die Kellerassel des Jobwunders. Man greift fallweise auf ihn zurück, aber man will nichts mit ihm zu tun haben. Das hat er nicht verdient, der Proporz. Denn er lebt und vermehrt sich – wenngleich im Dunkeln. Seine Zeitgenossen aber – das Menage-Reindl, das Koch-Rechaud und Heinz Conrads – sind tot.

° Ausnahmsweise eine Scherzerklärung für Leser mit Migrationshintergrund: Es gibt keinen Prof. Filzmaier in Österreich. Der Name ist eine Anspielung. So sagt man im Volksmund etwa: „Dieses System ist total verfilzt, der lebt im Filz etc."

Provisorium

[Pro|vi|so|ri|um], das, -ien

Das klassische Provisorium holt man sich in Österreich beim Zahnarzt, das zählt nämlich die Krankenkassa. Das, was wirklich in zahntechnischer Hinsicht getan werden müsste, zahlt die Kassa nicht. Deswegen muss man alle vierzehn Tage zum Zahnarzt gehen. Noch viel häufiger aber wechselt man ebendiesen, bis man schließlich irgendwann bei Dr. Istvan Fülöp landet, der mit „Preisen wie in Ungarn" wirbt. Das ist gelebte Internationalität auf gut österreichisch, aller-

Merke: Nichts hält in Österreich so lange wie provisorische Lösungen!

dings eine Internationalität mit Folgen! Denn aufgrund dieses Preisdrucks haben (viele) österreichische Zahntechniker wenig Freude mit ausländischer Konkurrenz und wandern frustriert in die Politik ab. Dort werden sie vom Provisorium zum unerträglichen Dauerzustand, der Demokratie an sich als Provisorium betrachtet.

Ähnlich funktioniert übrigens auch das neu geschaffene „Asyl auf Zeit": Asylsuchende dürfen vorerst ein bisschen bei uns bleiben, aber spätestens wenn sie neue Zähne brauchen, schicken wir sie nach Ungarn. Oder noch weiter weg.

Respekt

[Res|pekt], der, keine Mz.

Respekt ist in Österreich unter gleichgestellten Personen als Ausdruck in Gebrauch, um Anerkennung glaubhaft zu machen. Etwa für Dinge, die einem eigentlich völlig egal sind. Ein Beispiel: Sie erzählen einem Österreicher, dass Ihr Flüchtlingsboot unterging und Sie als Einziger von 500 Menschen nach mehreren Tagen auf hoher See überlebt haben. Vermutliche Replik des Österreichers: „Respekt!"

Unter nicht gleichgestellten Personen bezeichnet „Respekt" ein Autoritätsgefälle, demzufolge sich die niedriggestellte Person beim Antreffen der höhergestellten gefälligst in die Hose zu pinkeln habe. Diesem Gefälle Zuwiderhandelnde werden durch *Respektshandlungen* in die Schranken verwiesen. PolizistInnen fragen etwa stets nach den Ausweispapieren, bevor sie sich auf ein Gespräch einlassen, wohl wissend, dass eine Strafanzeige schneller ausgestellt ist, als eine Kuh „Muh" sagen kann. Amts- und WürdenträgerInnen hingegen signalisieren gerne, dass einem das Gegenüber gerade die Zeit stiehlt, eine Zeit, die im Übrigen wesentlich besser entgolten wird als die des minderwertigen Gegenübers. Wer mit einem Arzt, Anwalt, Amtsrat oder Abteilungsleiter spricht, kann in Gedanken förmlich mitzählen, wie viel Geld er jenem mit jeder weiteren verprassten Aufmerksamkeitssekunde schuldet. Aber welch Glück: Dieses Manko lässt sich oft durch kleine Aufmerksamkeiten begleichen. Wie heißt es schon bei Nietzsche? „Wenn du zum Arzt gehst, vergiss den Rotwein nicht!"

Anders verhält es sich bei der Jugend. Pubertierende respektieren in Österreich – wie wohl überall auf der Welt – nur respektloses Verhalten gegenüber Obrigkeiten aller Art.

Rücksichtnahme

[Rück|sicht|nah|me], die, -n

Besonders der älteren Generation ist Rücksichtnahme ein wichtiger Wert, den man pflegt wie eine kahle Stelle am Rauhaardackel. Weil, wenn man zurücksieht, war doch alles besser! Oma, die Raiffeisenbank und Maggi haben das Land wieder groß gemacht, als

Hitler/die Juden/die Russen/dieTürkenbelagerung

alles versaut haben. Deshalb nie wieder Krieg, wir sind jetzt eine rücksichtsvolle Nation, unsere Kampfflugzeuge blubbern den Hauptteil des Tages Seifenblasen! Auch Gebietserweiterungen gehen wir heutzutage sensibler an als 1939: Unsere Urlaubsliegen in Lignano besetzen wir gleich vorsorglich mit einem Handtuch. Damit sich niemand überfallen fühlt, wenn wir vom Frühstücksbuffet kommen, schwerfällig, aber zielsicher wie Leopard-Panzer. Und damit nicht schon wieder die Russen oder die Amerikaner alles besetzen! Leider können die es aber nicht lassen und besetzen unsere Skigebiete und Christkindlmärkte und ganz Salzburg. Solange wir noch genug Handtücher haben, um im Ernstfall überall welche hinzulegen, nehmen wir das aber lässig.

Ganz anders verhält es sich hingegen, wenn Rücksichtnahme eingefordert wird. Begegnen junge Hipster alten Omas an der Straßenkreuzung mit Rücksicht, folgt meist der Versuch, diese durch den Großstadtdschungel zu geleiten. Fauchen die Omas hingegen: „So nehmen Sie doch Rücksicht!", verbirgt sich darin die vage Hoffnung, der bärtige Vollhirni möge blindlings in den nächsten heranbrausenden Lastwagen laufen. Man sieht also: Rücksichtnahme hält die Gemeinschaft zusammen wie der Teller die Frittatensuppe.

Sauberkeit

[Sau|ber|keit], die, keine Mz.

In Österreich legt man großen Wert auf Sauberkeit und erwartet das auch von allen Gästen im Land. Ein wesentlicher Teil dieses Sauberkeitsbestrebens rührt von der geradezu verkrampften Begeisterung für die penible Trennung jedweden Mülls her. Mit einem lässig ausgesprochenen „Die Guten ins Töpfchen, die Schlechten ins Kröpfchen" ist es hierzulande lange nicht getan. Denn das Schlechte (und davon gibt es viel in diesem schönen Land) will ordentlich getrennt werden! Allgegenwärtig sind stinkende Mülltonnen mit bunten Deckeln, jeder Farbe ist eine Abfallkategorie zugeordnet. Hier macht sich die Abfallwirtschaft die Sammelwut der Österreicher zunutze. Nichts erfüllt den pflicht- und umweltbewussten Müllsammler mehr mit Freude, als seine Tonnen vollzukriegen, um deren Inhalt dann in größere Tonnen derselben Farbe zu stopfen.

Aber wehe dem, der bei der Entsorgung unachtsam ist! Argwöhnische Nachbarn wachen stets über die korrekte Entsorgung von Unrat aller Art. Mit Fettflecken übersätes Papier in der roten Tonne? Ein Affront! Altöl einfach in die Restmülltonne schütten? Unterstehen Sie sich! Wollen Sie die Gutmütigkeit eines Österrei-

chers ausreizen, lassen Sie einfach Ihr leeres Jausensackerl auf den Gehsteig fallen – es wird das letzte Mal gewesen sein! In Sachen Mülltrennung übernimmt der gemeine Österreicher selbst die Rolle der Judikative – und oft auch gleich die der Exekutive.

Wie sehr dieses Land Mülltrennung verinnerlicht hat, erkennt man nicht zuletzt an der Abendgestaltung seiner Bewohner. Wie ihren Müll trennen sie auch sich selbst, um den Abend in unterschiedlich verrauchten Gefilden zu verbringen. Dennoch enden ihre Abende meist gleich: Man speibt am Nachhauseweg ins Taxi. Und so verhält es sich auch mit dem Müll: Er wird zwar fleißig getrennt, am Ende landet dennoch alles auf demselben Haufen in der Müllverbrennungsanlage – um als Fernwärme zurück in die Wohnungen der Menschen zu kehren und ihre Herzen zu erwärmen.

In puncto Sauberkeit ist der Österreicher also fast schon Hinduist: Er glaubt an die ewige Wiederkehr, an ein kosmisches Gleichgewicht und daran, dass Scheiße wärmt. Das sollte vielen Völkern dieses Erdballs ein duftendes Vorbild sein.

Schlagobers

[Schlag|obers], das, keine Mz.

Ursprünglich ein Überbleibsel von Moses' Wanderung durch die Wüste, als sich das auserwählte Volk aufgrund des Wassermangels an den trockenen Mohn- und Nussstrudeln ständig den Hals zerkratzte. Seither ist Schlagobers das wichtigste soziale Schmiermittel bei festlichen Anlässen, Kaffeekränzchen und sonstigen Trockenperioden aller Art. Schlagobers gehört daher in die Kategorie der Familienwerte. Fett ist hierzulande ja nur, wer nach dem Feuerwehrfest nicht mehr heimfindet – ein bisschen Obers drauf ist also nie verkehrt! Aber Obacht: Unser Schlagobers ist so fein geschlagen wie unsere pädagogische Watschen. Wer das nicht von preußisch-prüder Sahne unterscheiden kann, ist seiner Cremeschnitte nicht würdig und bleibe bitte bei seinem gatschigen Baklava.

Als Wert ist Schlagobers ein Underdog. In Singleprofilen ist weniger Handfestes wie → *Treue,* → *Respekt* und Ehrlichkeit meist prominenter. Dabei hat die Allzweckwaffe im österreichischen Nachspeisenkompendium schon so manche delikate Situation gerettet: Staatsvertrag kurz vorm Scheitern? – Dem Russen eine Sacher mit Schlag! Kein Schnee bei der teuren FIS-Abfahrt? – Zwei Tonnen weißes Abfahrtsglück in die Kanonen! Der Partner findet Sie sexuell langweilig? – Nasty Schlagobers in seinen dreckigen Bauchnabel!

In jedem guten Haushalt findet sich daher eine Sprühdose in der Küchenkredenz – so wie beim Texaner die Glock. Sehr hilfreich, um Hab und Gut vor marodierenden Ost-Banden zu schützen oder auf der Familienfeier für klare Verhältnisse zu sorgen. Das österreichische Recht erlaubt zwar auch das Schießgewehr, aber nichts ist gleichzeitig so letal und elegant wie die jahrelange gezielte Anwendung von Oberstorten.

Schlendrian*

[Schlen|dri|an], der, -e

Am Beispiel der beanstandeten und schließlich für nichtig erklärten Bundespräsidentenstichwahl vor dem Verfassungsgerichtshof°°: Frage an einen Wahlbeisitzer des Bezirks Innsbruck-Land: „Wurden in der Sitzung Kuverts geöffnet oder Kuverts den Wahlkarten entnommen?" – Nein, da sei alles schon erledigt gewesen. „Hatten Sie die Möglichkeit, nachträglich alles zu kontrollieren, sich alles anzuschauen?" – „Das weiß ich nicht. Ich nehme an, es wäre möglich gewesen, wenn ich gefragt hätte." +++ Der FP-Vertreter in Kufstein gibt zu Protokoll: „Wenn der Bezirkshauptmann das gemacht hätte, was im Gesetz steht, wären wir drei Tage dagesessen." +++ Robert Stein (Wahlbehörde) fragt: „Sie haben die Niederschrift unterschrieben. Haben Sie sie vorher gelesen?" – „Nein." +++ Die Ermächtigung des Bezirkswahlleiters, allein auszuzählen, sei einstimmig, mündlich und per Handzeichen erfolgt, sagt ein Zeuge. Man habe das aber nicht dokumentiert, „weil es eh klar war". – „Das hätte man doch dokumentieren können?" – „Ja", sagt der Jurist, schulterzuckend. +++ Um ca. 12.30 Uhr sei man fertig gewesen, dann war das Protokoll zu unterschreiben, „und ich muss ehrlich sagen, ich hab's mir nicht angeschaut". +++ Ob das Protokoll mit der ersten oder der letzten Seite nach oben herumgereicht worden sei? „Ich weiß es nicht. Wie gesagt, ich hab es nicht gelesen. Es war schon relativ spät und ich wollte nachhause." +++ Jetzt sollte eigentlich die Beisitzerin der Grünen in Hollabrunn (NÖ) kommen, doch Bürstmayr (Vertreter der Grünen im Verfahren) sagt: „Nach unserem Wissensstand ist sie verhindert." Holzinger, der zuvor den Assistenten zum Holen der Zeugin rausgeschickt hat, sagt: „Dann warten wir ab, was passiert." +++

° Laut Verfassungsgerichtshofpräsident Gerhart Holzinger gängige Praxis bei der Bundespräsidentenstichwahl
°° Alle Texte sind Auszüge aus: derstandard.at

Schnäuzen

[Schnäu|zen], das, keine Mz.

Die Tücken interkulturellen Zusammenlebens liegen im alltäglichen Detail und offenbaren sich meist an Missverständnissen. Allzu bekannt sind etwa unterschiedliche Hygienevorlieben auf der Toilette. So scheißt und pisst der Österreicher gerne neben die Klomuschel. Der Araber hingegen tut das nicht – er hat keine Klomuschel! Weniger bekannt sind die konträren Auffassungen zum Thema Rotz. Wird in Österreich den Kindern bereits im Kindergarten penibles Naseputzen beigebracht und eingebläut, dass das Aufziehen von Rotz zur untersten Schublade zwischenmenschlicher Grauslichkeiten zählt, verhält es sich im arabischen Raum genau umgekehrt. Aufziehen ist dort üblich, Schnäuzen gilt als ekelhaft – fast so, als müsste man jemandem bei der Notdurft zusehen. Ganz sicher tut man das nicht in der Öffentlichkeit, sondern – wenn schon bitte – zuhause am WC beim Danebenscheißen.

Selbstverständlich handelt es sich hierbei bloß um Stereotypien. Der Österreicher ist in Wahrheit kulturelastisch bis zur Selbstverleugnung. Das zeigt sich bei den Kindern, die im Gegensatz zu uns Erwachsenen über eine schier unermessliche interkulturelle Kompetenz verfügen. Hochziehen mit vorgehaltenem Taschentuch ist deren Lösung, damit sich im späteren Alter dann erfüllen kann, was längst als Volksmund gilt: „Ein Schluck aus der Nase ist die Auster des kleinen Mannes." Mmh, lecker! Im Grunde ist es dem Österreicher nämlich gebohrt wie geschnäuzt, ob mit Taschentuch oder ohne. Was der Österreicher allerdings wirklich gerne, was der Österreicher geradezu liebend gerne tut*, ist in der Nase zu bohren und die Fundstücke danach zu verspeisen (sog. Waugaesser).

---

* Allerdings nur, wenn er sich unbeobachtet fühlt.

Schummeln

[Schum|meln], das, keine Mz.

„Darf's ein bisserl mehr sein?" Was wie eine harmlose Frage der freundlichen Bedienung an der Wurstbudl (= Feinkostvitrine) klingt, ist in Wahrheit Auswuchs eines milliardenschweren Business! Rechnen Sie sich das einmal durch: 2 Deka pro Kunde mehr, das sind 25 Cent! 40 pro Kunden pro Stunde, das sind 10 Euro pro Stunde bzw. 100 Euro pro Tag bzw. 30.000 Euro im Jahr. Und das nur pro Filiale! Mit diesem Betrag könnte man entweder 100 Obdachlose ein Jahr lang mit Schweinsschinken durchfüttern – oder 10.000 Flüchtlingsfamilien ein Leben lang. Oh, da haben wir jetzt geschummelt. Sie essen ja gar kein Schwein!

Sie sehen also, wie leicht schummeln geht bzw. fällt. In Österreich hat man es noch nie so genau genommen, egal ob mit dem Zählen, mit der Zugehörigkeit oder mit der eigenen Vergangenheit. Schon die Existenz Österreichs verdankt sich einer Schummelei. Das sogenannte Privilegium Maius, welches aus Österreich ein Erzherzogtum machte, war nichts weiter als eine dreiste Urkundenfälschung, die 550 Jahre Bestand hatte. Kein Wunder, dass der gemeine Österreicher in allen Dingen zunächst eine große Schwindelei, einen Wahlbetrug oder gar Rotfunkpropaganda vermutet. Der Österreicher hat darum auch kein schlechtes Gewissen, wenn er die Obstwaage beim Billa bescheißt, bei der Steuererklärung auf diverse Einkünfte vergisst, die Registrierkasse vorübergehend defekt ist, Honorare für nicht getätigte Leistungen bzw. keine Honorare für sehr wohl getätigte Leistungen stellt – oder marode Banken im großen Stil an ungeliebte Nachbarländer veräußert. Man kann's ja mal probieren. Selber schuld, wenn der andere es nicht nachprüft ... Und mit diesem Wissen im Hinterkopf sollten die paar Dekagramm mehr auch nicht wehtun. Oder?

Selbstdisziplin

[Selbst|dis|zi|plin], die, keine Mz.

ÖsterreicherInnen haben sich immer im Griff. Darum ist es sehr wichtig, dass auf Ämtern, in der Straßenbahn oder in Zugabteilen kein Blickkontakt und absolute Stille herrschen, denn niemand darf durch andere gestört werden. Kommunikation findet hier – wenn überhaupt nötig – flüsternd statt. Zur Not muss dieser Zustand mit Geboten (zum Beispiel Handy-, Ess- und Sprechverbot-Gebot) erreicht werden. Hält sich jemand nicht an diese Gebote, identifiziert er/sie sich automatisch als Fremde/r und muss mit angewiderten Blicken oder geflüsterten Schimpftiraden rechnen. Überhaupt ist in allen privaten sowie öffentlichen Bereichen von zu herzlichen Gefühlsäußerungen abzuraten, da diese fremd und somit verdächtig wirken können.

Auch beim Alkoholkonsum haben sich ÖsterreicherInnen immer im Griff. Gerne wird zum Essen ein leichtes Glaserl (z. B. ein Spritzer) bestellt, das aber durch den Dialog: „Trink ma no ans?" – „Jo, owa nua ans", auf eine unbestimmte Anzahl an Gläsern erweitert werden kann. Nach ungefähr zehn Gläsern gelten oben genannte Gebote nicht mehr. Dann sind kleinere bis größere Gefühlsregungen durchaus erwünscht und es kommt zu spontanen Tanzeinlagen (leichtes Mitwippen zur Musik bis einsames Torkeln auf der Tanzfläche), Liebesgeständnissen („Wos i da scho so laung sogn woit, owa i hob mit net traut: Danke, dass'd mi aushoitst" – „Echt? I hob imma gedocht, du mogst mi net!"), die mitunter in emotionalen Weinkrämpfen (sog. „Moralischer") – oft begleitet von den Worten „Kana mog mi" – enden können.

Wichtig: Am nächsten Tag haben sich alle Beteiligten wieder im Griff zu haben und über den vorigen Abend zu schweigen. Hier gilt wie so oft die österreichische Maxime: „I hob nix g'sehn."

Sonntagsruhe

[Sonn|tags|ru|he!], die, -n

Am Sonntag tut der Österreicher gar nichts. Er streitet zuhause nicht, schneidet keine Hecken, mäht keinen Rasen, macht schon gar keinen Lärm. Er zahlt nicht einmal für die Tageszeitung. Er geht maximal zum Frühschoppen, um für den Rest des Tages handlungsunfähig zu sein. Und er geht auch nicht einkaufen, denn die Geschäfte haben (im Gegensatz zu internationalen Metropolen) geschlossen als Folge eines epischen Kräfteringens zwischen katholischen Interessenverbänden (sog. Kirche) und kapitalistischen Interessenvertretungen (sog. Lugners).

Aber er fährt wandern, um in luftigen Höhen ein Gipfelkreuz zu suchen, oder pilgert ins Fußballstadion, um den Ball im Kreuzeck des gegnerischen Tores landen zu sehen. Darin erschöpft sich jedoch die ganze Religiosität des Sonntags bzw. ist die Sonntagsruhe die Religiosität des Österreichers an sich. Denn der Österreicher ruht am Sonntag nicht, um den Herrn zu ehren, sondern sich selbst. Der Sonntag ist in Österreich der Tag des Herrn Österreicher. Für Asylwerber hingegen ist in Österreich immer Sonntag, denn sie sollen an jedem Tag Ruhe geben, bloß nichts arbeiten und den Herrn Österreicher ehren.

Merke: Der Sonntag ist in Österreich der Tag des Herrn Österreicher!

Spontaneität

[Spon|ta|ne|i|tät], die, keine Mz.

Der Österreicher liebt Ordnung, geregelte Tagesabläufe und die jahrelang ersehnte Frühpensionierung. Der Österreicher isst auch nicht gerne spontan. Er liebt sein Resterlessen am Montag, seinen gebackenen Fisch am Freitag und sein Schnitzerl am Sonntag. Der Österreicher fürchtet sich innerlich vor fehlender Struktur, im binären rot-weiß-roten System ist nur Platz für Ordnung oder Chaos.

Darum ist der Österreicher nicht spontan. Einzig beim Faschingsgschnas erlaubt er sich Tapetenwechsel, aber er geht jedes Jahr als – sagen wir – Fiaker. Auch hier herrscht Ordnung. Spontaneität erinnert den Österreicher an Spompernadeln. Der Österreicher verbindet damit exaltierte Theaterdirektoren, Geisterfahrer und Homosexuelle. Darum wiederholt der Österreicher auch so gerne Witze. Nicht die Qualität der Pointe ist für ihn von Relevanz. Nein, die permanente Wiederholung und damit Bestätigung des Liebgewonnenen, des Beständigen, ist Kern des Witzeerzählens. Wie Kleinkinder, die sich durch Wiederholungen ihrer selbst versichern.

Die rot-weiß-rote Version des Spontanen kommt am ehesten beim Choleriker zum Vorschein. Seine Ausbrüche sind schwer vorhersehbar, laut und richten sich tendenziell gegen Unterlinge. Unmöglich zu prophezeien, wen es diesmal treffen wird. Darum schnurrt der Österreicher auch gerne nach oben (→ *Arschkriechen*).

Sportnachmittag

[Sport|nach|mit|tag], der, -e

Der Österreicher liebt seinen Sportnachmittag, denn am Sportnachmittag ist immer etwas im TV. Zum Beispiel eine Fußballweltmeisterschaft. Und ist grad keine Fußballweltmeisterschaft, so ist
Wimbledon, und ist nicht Wimbledon, so ist ein Formel-1-Grand-
Prix, und ist kein Formel-1-Grand-Prix, so ist eine Skiweltmeisterschaft, und ist keine Skiweltmeisterschaft, so ist eine Winterolympiade, und ist keine Winterolympiade, so ist eine Sommerolympiade,
und ist keine Sommerolympiade, so sind die englischen Darts-
Meisterschaften, und sind keine englischen Darts-Meisterschaften,
so ist eine Fußballeuropameisterschaft, und ist keine Fußballeuropameisterschaft, so ist der UEFA-Cup, und ist kein UEFA-Cup, so
ist ein Grand-Slam-Turnier, und ist kein Grand-Slam-Turnier, so
sind die US-Open-Golfmeisterschaften, und sind keine US-Open-
Golfmeisterschaften, so ist die Tour de France, und ist keine Tour
de France, so ist die heimische Fußballmeisterschaft, und ist keine heimische Fußballmeisterschaft, so ist die Internationale Vier-
schanzentournee, und ist keine Internationale Vierschanzentour-
nee, so ist die Leichtathletik-EM, und ist keine Leichtathletik-EM,
so ist das Wiener Stadthallen-Fußballturnier, und ist kein Wiener
Stadthallen-Fußballturnier, so ist ein Springreitturnier, und ist kein
Springreitturnier, so ist die Große Rallye Paris-Dakar, und ist keine Große Rallye Paris-Dakar, so ist die Boxweltmeisterschaft im
Schwergewicht, und ist keine Boxweltmeisterschaft im Schwergewicht, so ist die Boxweltmeisterschaft im Mittelschwergewicht,
und ist keine Boxweltmeisterschaft im Mittelschwergewicht, so
ist eine Eishockeyweltmeisterschaft, und ist keine Eishockeyweltmeisterschaft, so ist es auch egal, denn irgendetwas findet sich am
Sonntagnachmittag immer im TV. Schließlich ist Sonntag der Tag
des Herrn. Und da will der Herr Papa in Ruhe seinen Sport schau-
en und dabei möglichst schnell einschlafen. So muss sich das der
Herrgott vorgestellt haben.

Streitkultur

[Streit|kul|tur], die, -en

Wer sich in einem Land behaupten will, muss auch bis zu einem gewissen Grad widerständig sein, muss streiten können – z. B. um sein gutes Recht, um Prinzipien, um Nichtigkeiten. Gewusst wie, ist hier die Frage, denn der Österreicher hat eine nicht leicht zu durchschauende Streitkultur entwickelt.

Auf Facebook

Auf Facebook kennt der Österreicher keine Scheu, da werden strafrechtlich einklagbare Aussagen orthografisch inkorrekt hingetippt, da denkt er kontroversiell und will doch in erster Linie Dampf ablassen und ganz einfach mal recht behalten.

Im Auto

Ebenfalls in ziemlicher Streitlaune ist der Österreicher hinter dem Lenkrad. Zwischen Airbaghalterung, Nackenstütze und splitterfreiem Glas läuft er zu hupender und fluchender Höchstform auf, um breitspurigen Luxushybriden und egomanischen Taxifahrern tollkühn die Stirn zu bieten. Im äußersten Notfall, also wirklich im alleräußersten Notfall, wenn im Grunde der Oberste Gerichtshof schon anzurufen oder die UNO einzuschalten wäre, kurbelt er sogar ein Fenster herunter und brüllt hinaus.

Bei den Thujen

Auch am Gartenzaun oder hinter den Thujen ist der Österreicher durchaus konfliktfreudig. Hier erhebt er gerne die Stimme und zetert aus sicherer Entfernung, um am Nachbargrundstück zumindest die Fensterscheiben erzittern zu lassen.

Privat

Ganz anders sieht es in den eigenen vier Wänden aus. Da legt er lieber die Beine hoch, genehmigt sich ein Bier, lässt sich in Ruhe auch mal ein Für und ein Wider erläutern. Wichtig ist nur, dass niemand – vor allem nicht die Frau – die Stimme erhebt. Das muss man zuhause nicht haben, das geht einem an die Nieren, das ist nicht kommod. Und recht hat er, der Herr Österreicher, denn streiten hieße ja, dass man miteinander reden muss, dass man sich Argumente anhören und eigene zurechtlegen muss, das wäre ja, das ist ja … Konversation! Nein, damit hat es der Österreicher nicht so. Reden tut er nur, wenn es unbedingt sein muss. Ein Meinung vertritt er auch nur dann, wenn es gar nicht anders geht. Wenn sich jemand zu einer Meinung hinreißen lässt, sagt der Österreicher gerne: „Ja, wennst meinst." Und meint damit: „Red nur, du Trottel!"

Fazit

Mit einem Österreicher kann man nicht streiten. Denn eine Meinung hat er nicht, seinen Zorn lässt er nur auf sichere Distanz los, und privat ist ihm alles wurscht. Was tut man aber, wenn man trotzdem anderer Meinung ist, oder einem Österreicher mal so richtig die Meinung sagen will? Man muss ihm eine Falle stellen. Idealerweise indem man an seine Gutmütigkeit appelliert oder sein goldenes Wiener (oder Tiroler) Herz wärmt. Wenn er dann so richtig gefühlsduselig ist, Zack!, sagt man ihm die wahre Meinung ins Gesicht! So wird's gemacht!

Subsidiarität

[Sub|si|di|a|ri|tät], die, eher keine Mz.

Was den Roten die Solidarität ist, ist den Schwarzen° die Subsidiarität. Wann immer in Schnitzelland etwas schwarz° riecht, steckt Subsidiarität drin. Schnitzelland ist ein Zusammenschluss aus acht unabhängigen Ländern, die 1918 beschlossen haben, es besser gemeinsam zu versuchen. Dafür haben sie einen Bund geschlossen und ihm die Kompetenzen gegeben, die sie nicht haben wollten. Und die Dörfer in Schnitzelland haben sich schon im 19. Jahrhundert zusichern lassen, dass sie für alles zuständig sind, wofür sie kompetent sind und vice versa. Das steht in der Verfassung.

Subsidiarität meint hier, dass immer diejenige Stelle oder Ebene zuständig ist, die der Angelegenheit am nächsten steht. Bestimmt wird das immer von einer Stelle, die sich nicht zuständig fühlt. Für dich, lieber Ausländerleser, liebe Ausländerinnenleserin bedeutet es, dass dein Taschengeld aus der Grundversorgung subsidiär zur Mindestsicherung ist und die Mindestsicherung subsidiär zur Grundversorgung. Du kannst dir bestimmt ausrechnen, wie viel du also bekommst!

Subsidiarität wird gerne mit → *Nächstenliebe* in Zusammenhang gebracht, hat aber damit genauso viel zu tun wie Jesus mit der ÖVP. Subsidiär wird getan, wenn sonst niemand zuständig ist, nächstengeliebt wird, wenn alle zuständig sein können. Subsidiarität ist in Österreich mehr Frage als Antwort („Kann das nicht jemand anders machen?") und hat auch den Beinamen „Zärtlichkeit der Ämter".

° Gemeint ist hier die politische Farbe.

Sudern

[Su|dern], das, eher nur Mz.

Sudern ist die heimische Ausprägung des Tourettesyndroms, aber viel anständiger. Der Österreicher legt Wert auf Manieren. Darum insultiert er auch keine zufällig vorbeikommenden Passanten, wie das Tourettesyndromiker sonst wo tun. Nein, er ist ein höflicher Mensch und sudert ausschließlich über Abwesende. Er will ja keine Gefühle verletzen. Der Österreicher zeigt dabei aber großen Mut. Sein Sudertum schont weder Politik, Tyrannen oder gar Terroristen. Im Sudern manifestiert der Österreicher seinen Widerstand gegen Obrigkeit, Unrecht und Parkplatznot.

Auch wichtig: Der Österreicher ist Gruppensuderer. Er liebt die wechselseitige Bestätigung im kollektiven Suderantenrausch, oft und gerne auch im Wirtshaus unter Gleichgesinnten. Wirklich große Massen-Sudereien heißen „Parteitage".

Der Österreicher sudert prinzipiell im Konjunktiv. „Wenn i wos zum red'n hätt, wenn's nach mir gingat, wenn's mi frogn tät'n", sind beliebte Eingangsstatements. Auch das: ein Gebot der → *Höflichkeit* und des → *Respekts* dem Objekt der Kritik gegenüber.

Deshalb kann man dem Austro-Suderanten auch gar nicht böse sein, wenn er zuweilen eine unzeitgemäße Wortwahl trifft. Er liebt eben die Tradition. Sein liebevolles Sudern über „Neger", „Kümmeltürken" oder „Kanaken" ist verbaler Atavismus. Aufgetaucht aus der Tiefe der heimischen Geschichte wie Luziprack im Wurstelprater. Und der ist ja auch lustig, oder?

Thujelix Austria

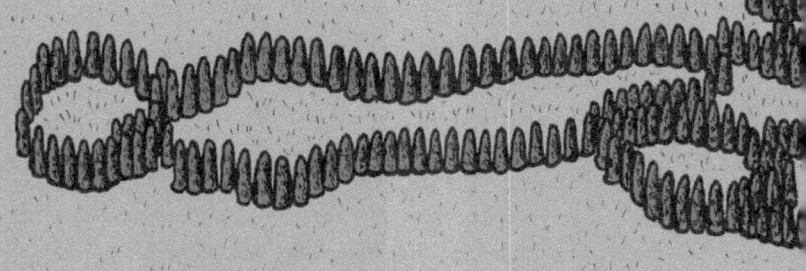

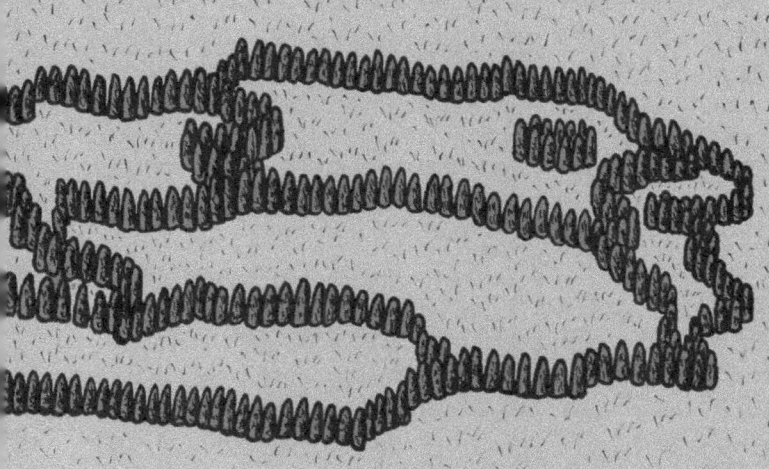

Jon

Tierliebe

[Tier|lie|be], die, keine Mz.

Die Österreicher_innen lieben Tiere von ganzem Herzen. Sowohl Tiere, die man nicht essen kann, wie z. B. rumänische Straßenhunde, als auch essbare Tiere, aber nur dann, wenn sie nicht halal oder koscher geschlachtet wurden. Weil dann mussten sie entsetzlich leiden. Was der Achmed in Traiskirchen zu essen bekommt, ist dem Herrn Rudi völlig wurscht. Für das Dackerl vom Herrn Anton hat der Herr Rudi aber immer noch ein Knackerl dabei, denn das liebe Hundl ist des Menschen bester Freund, wie der Herr Rudi sagt. Solche Tiere aber, die in Massenhaltung aufwuchsen und in einem österreichischen Großschlachthof oder auf einer Treibjagd von Alfons Mensdorff-Pouilly erschossen wurden, die essen die Österreicher_innen gerne. Sie essen halt gerne.

Oft sagt er auch, der Herr Rudi, dass das Dackerl vom Herrn Anton für ihn alles hat, was er bei seinen Kindern nicht hat: Es folgt brav, es frisst, was man ihm vorsetzt, und es hält die Goschn, wenn der Herr Anton was sagt. Und nach dem Essen liegen sie auf der Couch und ärgern sich über ihren Bauch. Dann ist ihnen schlecht (Schnaps!) und sie bedauern erst sich, dann auch die Tiere. Deswegen spenden sie. Österreicher_innen spenden Tierschutzhäusern, spenden Tierfutter, spenden Zeit und Nerven für Tiere. Österreicher_innen spenden sogar eher für die Hunde der obdachlosen Ausländer_innen als für deren Halter_innen.

Er ist ja an sich schon tolerant gegenüber den Fremden, sagt Herr Rudi, aber, und dann lacht er zuerst, wird dann aber wieder ganz ernst, und sagt: Es ist so: Wer bei uns bleiben will, der muss Ja sagen zu Österreich, und wer Ja sagt zu Österreich, der muss auch in die Schnitzelsemmel beißen. Das hat auch jemand einmal in der Kronen Zeitung geschrieben, denn die tut noch was für die armen Tiere, sagt er. Tierliebe ist eine patriotische Pflicht. Wer Tiere nicht mag, ist verdächtig.

Vermutlich ist die Tierliebe ein Amalgam aus Christentum („Der Gerechte erbarmt sich der Tiere; denn nur das Herz der Gottlosen ist den Tieren gegenüber unbarmherzig" – Sprüche 12.10), Psychoanalyse (Lacans Kritik am Anthropozentrismus) und der Tatsache, dass man sich in Österreich ungern mit dem eigenen Gefühlshaushalt beschäftigt („Ein guter Wirt ersetzt drei Psychiater"). Tiere können, anders als die meisten Menschen, nicht darüber reflektieren, was sie erleben. Das macht sie sympathisch, es bietet eine Möglichkeit zur emotionalen Kompensation. Dieses Amalgam nehmen wir und füllen das große Loch in uns.

Und jetzt, weil wir so viel übers Essen geredet haben, geht Herr Rudi zum Billa und kauft sich ein Hofstädter Fleisch, das was zu 100 % aus Österreich kommt, sagt der Herr Rudi und geht.

Die 10 beliebtesten Tiernamen in Österreich:			
1.	Hansi	6.	Mausi
2.	Burli	7.	Wixi
3.	Scheißi	8.	Susi
4.	Binki	9.	Bärli
5.	Schatzi	10.	Killer

Hydra-Tierecke
1. Hier Nahrungsmittelrest auftragen.
2. Buchseite auffalten, auf dem Küchenboden liegen lassen & abwarten.

Titelgeilheit

[Tit|ten|geil|heit], die, -en

Bezeichnet die Verehrung der Österreicher für Titel aller Art. Darunter fallen sowohl akademische Titel (Dr., Mag., MA, BA), gerne auch in Doppelung verwendet, als auch Berufstitel (Hofrat, Amtsrat, Kommerzialrat, Oberstudienrat, Fahrrad etc.). Titel werden stolz vor sich hergetragen, auf Türschilder graviert und auf wichtige Ausweisdokumente gedruckt (z. B. Billa-Vorteilscard).

Eine besondere Beziehung pflegen die Menschen hierzulande zum Doktor. Um diesen Titel zu erhalten, muss man ein Studium absolvieren. Während dieser Zeit gilt man als fauler Student und alles, was man sagt, wird als weltfremd, naiv und politisch korrekt abgetan. Ist man dann aber ein „Herr Doktor", gilt man als höchst honorig und die Leute glauben, tun und nehmen alles, was man ihnen sagt oder verschreibt. Die Gattin vom Herrn Doktor ist die „Frau Doktor" (bzw. „Arztfrau"), da Frauen in Österreich über ihre Männer und nicht etwa durch ihre eigene Leistung definiert werden. Sie stellen zwar 59 % aller akademischen Abschlüsse, aber nur 22 % aller Professuren.[*]

Apropos Professur. Sehr beliebt ist in Österreich auch der Professor bzw. Herr Professor bzw. Hr. Fessor (z. B. im Gymnasium), obwohl das gar kein akademischer Titel ist. Wollen Sie sich also in diesem Land integrieren, so empfiehlt sich die Annahme der landestypischen titelgeilen Obrigkeitshörigkeit. Umso leichter gelingt das wohl, falls Sie aus dem türkischen oder arabischen Sprachraum kommen, denn dann sollten Sie zumindest → *Respekt* haben vor Ihrem Vater, dem BABAA.

---

[*] Ein sehr guter Witz, oder? Ist aber nicht von uns.

Toleranz

[To|le|ranz], die, -en

Österreich hat ein Patent auf Toleranz. Und zwar seit 1781, erteilt von Kaiser Joseph II. höchstpersönlich. Da das Patentrecht hierzulande einen hohen Stellenwert genießt, sind die Österreicher darauf bedacht, ihre Toleranz in der original verbrieften Form zu bewahren und sich keine neuartigen Ideen von Freiheit und Gleichheit als Markenfälschung unterjubeln zu lassen. Nur eine strenge Kontrolle garantiert feinste heimische Toleranzqualität nach dem Reinheitsgebot.°

Die grundlegende österreichische Toleranzformel lautet: „Wos ma ned waaß, mocht an ned haaß!" Das bedeutet, dass der Österreicher sehr tolerant gegenüber allem ist, mit dem er nicht konfrontiert wird. Abweichungen von der Leitkultur sollten dementsprechend nur in den eigenen vier Wänden bzw. hinter einer ausreichend dicht gewachsenen Thujenhecke erfolgen. Falls es sich nicht vermeiden lassen sollte, Ihre Andersartigkeit öffentlich zu machen, so sollte dies im Ausdruck des Schamgefühls erfolgen. Selbst eingestandene Schwächen toleriert der Österreicher gerne großmütig. Schließlich kann ja kein Neger was dafür, dass er schwarz ist!

Vergessen Sie nicht: Toleranz ist in Österreich eine Bringschuld. Falls Sie auf mangelnde Akzeptanz, Ressentiments oder gepflegten Rassismus stoßen, so haben Sie dies eben zu tolerieren.

°Ein rechtlicher Hinweis: Das österreichische Toleranzpatent lässt sich seit 2014 auch durch Vorlage der Gewinnurkunde des Eurovision Songcontest beantragen (bei zweifacher Ausführung und notarieller Beglaubigung).

Tod

[Tod], der, -e

Der Tod muss ein Wiener sein. Deswegen kann ihn keiner leiden. Überhaupt ist es in Österreich althergebrachte Tradition, immer jemanden *nicht* zu mögen. Dies folgt dem verfassungsmäßigen Föderalismusprinzip: Alle in Österreich hassen Wien. Alle im Bundesland hassen ihre Landeshauptstadt. Alle im Bezirk hassen ihre Bezirkshauptstadt. Alle in der Gemeinde hassen die Bewohner des Zentrums. Und im Zentrum hätten alle gern ein nobles Platzerl am Zentralfriedhof („Zenträu"). Die scheene Leich meint nicht den Kadaver, sondern den pomp de funèbre, das Brimborium, die Zeremonie.

Genauso wie bei einer Hochzeit feiert man auch das Begräbnis nicht für sich selbst, sondern für die Gäste – und die sind gnadenlos kritisch. Da sollten Sie zeitgerecht wissen, wie viele Vegetarier bei Ihrem Leichenschmaus sitzen – nur keine schlechte Nachred riskieren! Auch sterben will gekonnt sein, sonst könnt ja jeder kommen.

Sie fragen sich zu Recht, lieber Mitbürger mit aktiver Migrationserfahrung, wo da der Wert sein soll. Es muss richtigerweise ... →

Sterben

[Ster|ben], das, keine Mz.

heißen. Vergänglich sein ist dynamisch sein für Gemütliche, das mögen wir. Wir lieben es, über Erbschaften, Erbschaftssteuern und Erblasser zu spekulieren. Memento mori und Mammon sind unser Mantra, während wir mit Messer und Gabel Selbstmord auf Raten begehen (sog. Jause). Das barocke Erbe lastet schwer auf den österreichischen Schultern, so schwer, dass wir immer kurz vorm Zusammenbruch stehen, und dann noch schnell einen Knopf aufmachen müssen. Auch der schönste Körper ächzt eben unter der Vergänglichkeit. Da könnt ja jeder kommen? Es ist auch jeder gekommen! Gekommen, geblieben und gestorben. Wenn Sie's lebendig hierher geschafft haben, können Sie mit uns und der EU ein Stück gemeinsam sterben.

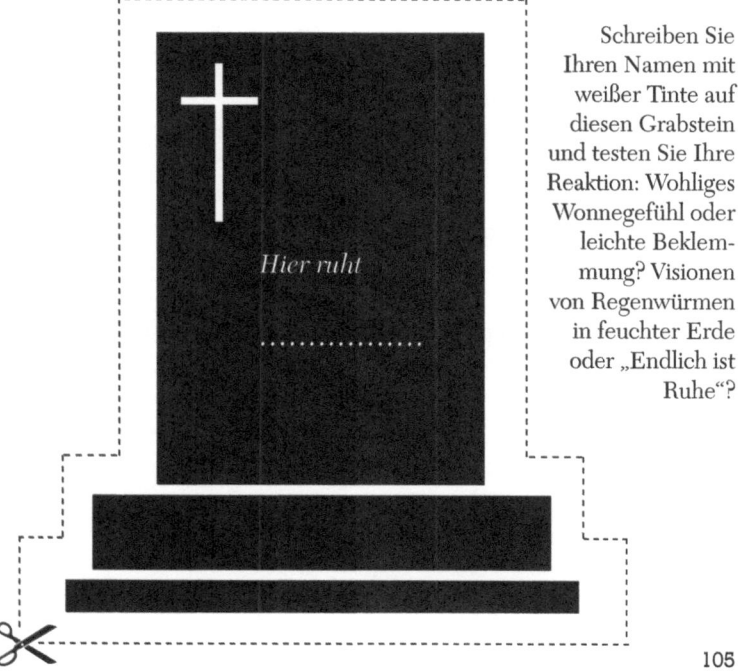

Hier ruht

Schreiben Sie Ihren Namen mit weißer Tinte auf diesen Grabstein und testen Sie Ihre Reaktion: Wohliges Wonnegefühl oder leichte Beklemmung? Visionen von Regenwürmen in feuchter Erde oder „Endlich ist Ruhe"?

Umgangsformen

Kleines Lexikon österr. Umgangsformen

Werte sind schön und gut, aber auch schrecklich theoretisch. Wie man sich in Österreich im Umgang mit anderen Menschen verhält, ist hingegen schrecklich konkret, zugleich schrecklich kompliziert. Hier einige Anhaltspunkte.

Kapitel 1: Grüßen

Am Land, besonders in kleinen Dörfern, wird praktisch *jeder* begrüßt, in der Stadt praktisch *niemand*. Es genügt eine einfache Grußformel. Hat das Dorf eine Kirche, sagt man „Grüß Gott", ist das Rathaus größer als die Kirche, sagt man „Guten Tag". In der Stadt grüßt man nur Menschen, die man schon kennt. Da man aber nie Menschen grüßt, die man nicht kennt, lernt man praktisch nie jemanden kennen. Der Österreicher ist also tendenziell ein einsamer Wolf. Dass er trotzdem hin und wieder Freunde hat, liegt daran, dass er in der Schule, in der Arbeit oder im Dorf (aus dem der Österreicher meist kommt) zwangsläufig mit Menschen ins Gespräch kommt.

Grüßen unter Freunden

Hat der Österreicher einmal Freunde, grüßt er sie auf sehr individuelle Weise. Es herrscht Grußpluralität! Vom Handschlag (in der Wirtschaft & Politik sehr beliebt) über die Umarmung bis hin zum Wangenkuss ist alles erlaubt. Das gilt besonders für Jugendliche, die in Österreich jedoch international aufgewachsen sind (sie sehen bis zu ihrem 16. Lebensjahr meist mehr von Youtube als von der Landschaft) und dementsprechend a) sich wie spätberufene Yuppies abklatschen, b) wie Afroamerikaner „fingern" oder c) einfach nur cool aneinander vorbeistarren.

Der Handschlag

Es gibt zwei Arten von Begrüßung per Handschlag. Der formelle Handschlag besiegelt in der Regel „Geschäfte" (Stichwort: Panama). Hierbei herrscht meist gute Stimmung (siegesgewisses Gelächter: Hohoho), die zweite Hand ruht gerne auf den beiden sich umschließenden Händen, es wird genickt und dadurch bekundet, dass dieser Handschlag nun quasi vertraglichen Status hat. Der herzliche Handschlag hingegen ist nur das Beiwerk zu einem Akt, der in Österreich ebenfalls zu den diffizilen Künsten gehört: einander ins Auge blicken. Das tut man in Österreich ausnahmslos nur einen Augenblick lang. Wer einander länger als zwei Sekunden ins Auge starrt, ist entweder (zwischen Mann und Frau) bereits beim Flirt oder steht (gleichgeschlechtlich) an der Schwelle zu ewiger Freundschaft bzw. andernfalls Feindschaft. Wer allerdings als Mann einem anderen Mann in die Augen gestarrt hat, ohne ihm hernach das eine (Freundschaft) oder andere (Feindschaft) zu erklären, muss sich nicht wundern, wenn Gerüchte über die eigene angebliche „Schwulheit" auftauchen.

Grußformeln für Fortgeschrittene

Da der Österreicher selten bis nie ausspricht, was er denkt, begnügt er sich beim Grüßen meist mit der halben Miete. Statt „Grüß Gott" sagt man „Sgott", statt „Guten Tag" sagt man „Taag". Ebenfalls zulässig ist ein einfaches Nicken mit einem wohltemperierten Brummen, dessen Tonlage von der aktuellen Wetterlage abhängig ist.

Kapitel 2: Kennenlernen

Sich kennenzulernen, ist für die Integration unverzichtbar, trotzdem selbst unter gestandenen Österreichern sehr kompliziert, im Grunde ebenfalls eine Kunst. Dennoch gibt es zwei kategorische Ausnahmen, bei denen der Österreicher von sich aus auf andere Menschen zugeht. A) wenn es ums andere Geschlecht geht („Flirten"), b) wenn es um gemeinsame Interessen geht („Rudel").

Flirten

Den Anstoß zu einem Flirt gibt in Österreich zu 99 % der Mann, wofür er 98 % einen Korb erhält (sprich: abblitzt), was er in 97 % der Fälle zu respektieren hat. Eine Frau, die „Nein" sagt, ist in Österreich eine Frau, die eben „Nein!" sagt. Aber es spricht nichts dagegen, noch zwei- oder dreimal nachzufragen, ob sie wirklich meint, was sie sagt (Frauen eben). Danach aber heißt es: Finger weg, nächstes Opfer suchen! Konkrete Flirttipps werden hier nicht verraten, nur eine prinzipielle Sache: Es hilft (nicht nur in Österreich, sondern überall), grundsätzlich und aufrichtig an der jeweiligen Person interessiert zu sein, dieses Interesse jedoch nicht zu offensichtlich zu zeigen. Flirten ist die Kunst der Andeutung. Die Kunst der Vollendung hingegen heißt beim Mann „Sex" und bei der Frau „Ehe".

Rudel

Stehen in Österreich mehrere Menschen zusammen und plaudern über „Fußball", „die Ausländer", „die Regierung", „unfreundliche Kellner" usw., so ist jeder Mensch herzlichst eingeladen, sich uneingeladen dazuzustellen und lauthals mitzureden. Was der Österreicher wirklich mag, was ihm voll und ganz entspricht, das ist, wenn man ihm recht gibt. Das geht nirgendwo so gut wie an Orten, wo sich Gleichgesinnte eingefunden haben. Auf Fußballplätzen oder bei FPÖ-Demonstrationen werden in Österreich Freundschaften fürs Leben geschlossen. Aber Achtung: Wer in so einem Rudel widerspricht, muss sich über heftigste Reaktionen nicht wundern. Nirgendwo gibt es so viel Hass und Gewaltbereitschaft wie am Ort der größten Eintracht.

Kapitel 3: Verabschiedung

Geschieht in Österreich meist formlos und unsentimental. Auch hier ist der Österreicher Grußpluralist. Von „Seas" (für „Servus") über „Tschüß" (für „Tschüß") bis hin zu „Pfiat eich" (für „Gott behüte euch!") ist jede Form möglich. Gerne schleicht sich der Österreicher auch wortlos davon, oft nicht einmal im Zorn, sondern einfach deswegen, weil er davon ausgehen kann, dass seine Abwesenheit nicht groß auffällt. Die anderen haben ohnehin ihre „Gaudi". Im tiefsten Innersten seines Herzens weiß der Österreicher um seine Entbehrlichkeit. Richtig vermisst wird man hierzulande nur dann, wenn man gar nicht mehr vorbeischauen kann, sprich: tot ist. Dann wächst man vielen Menschen oft erst so richtig ans Herz, schließlich liefert man als kürzlich Verblichener den Lebenden viel Grund zum → *Sudern*.

Unbestechlichkeit

[Un|be|stech|lich|keit], die, -en

Österreicher_innen sind grundsätzlich unbestechlich, aber dafür korrupt. In manchen Ländern ist Korruption distanziert, gefühlsarm, kalt und passiert in dunklen Hinterzimmern. In Österreich ist sie hingegen Ausdruck von Geselligkeit. Sie dürfen nicht bestechen, Sie machen sich Freund_innen (Verhaberung). Ein paar Tausender rüberschieben und dann etwas fordern – das gilt als brüsk und unhöflich. Wenn Sie mit der österreichischen Korruptions-Etikette vertraut sind, wissen Sie, dass man nichts verlangt, sondern nur zu bestimmten Handlungen ermutigt.

Einer dieser Ermutigungsversuche ist das „Anfüttern". Dabei versorgt man Entscheidungsträger_innen regelmäßig mit Nahrungsmittelspenden („CARE-Pakete Royal") in Form von Opernkarten, Insidertipps, Staatsbürgerschaften o.ä. So hofft man, die Zuständigen gnädig zu stimmen.

Sie schmieren also nicht die/den Amtsträger_in, ihr/ihm aber ein Bratlfettnbrot. Wenn sie/er nach dieser Gabe etwas in Ihrem Sinne tut, dann ist das Zufall, Schicksal, vielleicht auch ein bissi göttliche Fügung, aber sicher keine Bestechung. Die österreichische Gangart ist feiner, subtiler und letztendlich von fast mythischer Natur. Es ist wie eine rituelle Opfergabe – die manchmal wirkt (immer) und manchmal eben nicht (nie).

Deshalb sind Österreicher_innen für ihre Unbestechlichkeit bekannt. Denn die Wege des Herren/der Dame vom Amt/Ministerium/Unternehmensvorstand etc. pp. sind letztlich (strafrechtlich) unergründlich.

Unternehmertum

[Un|ter|neh|mer|tum], das, keine Mz.

Der Österreicher unternimmt am Sonntag gerne viel (Frühschoppen, Kirche etc.). Das Unternehmertum ist in Österreich eine der wichtigsten Säulen des Tourismus und der Gastronomie, denn wenn die Österreicher nichts unternehmen würden, müssten die Wirte und die Hotels gar noch etwas unternehmen. Touristen unternehmen auch einiges, dabei kann sie der Österreicher gut ausnehmen. Darüber hinaus unternimmt der Österreicher nichts, wenn er sich keinen Vorteil davon verspricht. In Österreich ist man stolz, eine Firma zu sein, aber dabei spricht man nicht von einem Unternehmen.

Österreichische Mädchen können alles werden!

Einself!!1!

Verlieren

[Ver|lie|ren], das, keine Mz.

„I hob valuan, wie nur ana valiern kann!" – Die österreichische Boxlegende Hans Orsolics sang bereits vor 30 Jahren jene Hymne, die sinnbildlich für die Karrieren nahezu aller Sportler in diesem Land steht. Verlieren ist in Österreich sehr eng an Erfolg gekoppelt – und kommt meist unmittelbar danach. Jüngstes Beispiel: Als das österreichische Fußball-Nationalteam mit 28 von 30 möglichen Punkten die Qualifikation zur Europameisterschaft in Frankreich schaffte, waren sie in den Köpfen vieler bereits Europa-, nein, Weltmeister! Beim Turnier selbst verloren sie selbst gegen Ungarn und Island und erzielten in drei Spielen ein einziges Tor ...

Es gibt viele weitere Beispiele, die diese österreichische Ambivalenz bestens illustrieren. Radsportler Bernhard Kohl flog aus dem Sattel, als er kurz nach seiner besten Tour de France des Dopings überführt wurde. Heute leitet er einen Fahrradshop in der tristen Triester Straße in Wien. Der Karriere von Skisprung-Gott Andreas Goldberger versetzte es eine jähe Zäsur, als seine Vorliebe für Kokain publik wurde. Heute ist er als Co-Kommentator gefangen im öffentlich-rechtlichen Rundfunkhamsterrad. Hermann Maier – der in den Augen vieler Österreicher größte heimische Sportler° aller Zeiten – lebt heute einem Tanzbären gleich an der kurzen Leine der größten Macht im Land, der Raiffeisenbank.

Dieses nach außen hin traurig erscheinende Phänomen hat einen wesentlichen Vorteil für die österreichische Volksseele: Die Gefahr des Abhebens ist praktisch nicht gegeben. Denn jeder weiß: Der Absturz folgt stante pede, die österreichische Realität findet ausschließlich am Boden statt.

° Skifahren – das müssen Sie weder kennen noch wissen – gilt hierzulande tatsächlich als → *Wintersport*

Verlieren

[Ver|lie|ren], das, keine Mz.

Verlieren ist vielleicht der prägendste österreichische Wert überhaupt und auf den ersten Blick eigentlich gar kein Wert. Denn wie kann „Verlieren" ein Wert sein, wie kann man das hochhalten, wie kann man sich daran orientieren, es zu einem Teil einer Volkskultur machen? Dazu muss man verstehen, dass der Österreicher in Wahrheit eben kein Verlierer ist. Nein, es liegt ja nicht an ihm, die Umstände waren katastrophal, die Bedingungen ein Witz, der Gegenwind zu stark, das gegnerische Tor eine Spur kleiner, der Schiedsrichter voreingenommen, das Publikum zu leise (und viel zu früh auf den Tribünen versammelt), das Schicksal parteiisch, feindlich gesinnte Urmächte haben sich verschworen, kurz: Der Österreicher verliert nicht, er wird stets um den Sieg geprellt!

Tatsächlich hätte der Österreicher im Grunde immer gewinnen müssen, aber so wie seine Leistung oder seine Fähigkeiten konnte er auch den Sieg im richtigen Moment nicht abrufen. Doch er ist irgendwo da draußen, ist spürbar, ja, greifbar! Darum hat der Österreicher in Wahrheit stets gewonnen, bloß spricht das Resultat eine andere Sprache. Die Fakten, sie sind das Problem! Sie sind in ihrer nackten Schonungslosigkeit unverständlich, sie müssen uminterpretiert, müssen am Stammtisch zurechtgemeint werden. Für den Österreicher gibt es keine noch so triste Realität, die er nicht durch besonnene verbale Auseinandersetzung in eine triumphale Realität umwandeln kann. Der Österreicher verliert nicht, nein, niemals! Wenn schon, verliert die Wirklichkeit gegen ihn. Denn nicht zuletzt geht der Österreicher aus jeder Schlappe mit dem Wissen hervor, wie es besser gegangen wäre. Und dieses Wissen ist praktisch schon der nächste Sieg. Eben darum ... gewinnt der Österreicher eigentlich immer!

---

* eigentlich eh auch pro ...

Vermögenswerte
Kleines Lexikon österr. Vermögenswerte

Bausparen & Bausparprämie
Die wertbeständige Variante des österreichischen Werteoriginals, übersteht Weltkriege und Reichsbrückeneinstürze.

Einfühlungsvermögen
Ist jenes Vermögen, das Herr und Frau Österreicher in ihren Hosentaschen fühlen. Nicht zu verwechseln mit dem Einfüllungsvermögen, das ist das Vermögen, sich Unmengen an Alkohol einzufüllen (bzw. in distinguierteren Kreisen: das in die Matratze eingefüllte und zugenähte Geld).

Kunst
Vermögen und Kunst kommen von Können. Weil die Österreicher aber kein Talent fürs Finanzielle haben, sondern ein „Volk begnadet für das Schöne" sind, beschränkt man sich lieber darauf, das, was man hat, zu behübschen, zu übertünchen, zu fassonieren, zu ondulieren, anstatt es zu vermehren. Das erscheint niemandem unethisch, bloß anstrengend. Zu den größten Künstlern auf diesem Gebiet – und niemand wird so verehrt in Österland wie Künstler – zählen Karl-Heinz „KHG" Grasser, Hannes „Knize" Androsch und Frank Lugner. Merke: Erst die Kunst macht das eigene Können zum Vermögen, also wertvoll.

Nazigold, arisierte Zinshäuser, Raubkunst
Die braune Variante des österreichischen Werteoriginals, mit wesentlich längerer Laufzeit. Apropos: Arisierte Zinshäuser sagt man nicht, sondern Traditionsunternehmen in Familienbesitz.

Neujahrskonzert
Die absolute Cashcow des hochkulturellen Musikschaffens.

Die Philharmoniker sind das einzige Ensemble weltweit, das von *einem* Konzert jährlich bequem leben könnte – und trotzdem subventioniert wird.

Sparbuch
Ein österreichisches Werteoriginal, meist in Besitz der Oma. Österreich gilt nicht umsonst als Heimat der vinkulierten Sparbücher.

Schilling
Wird immer noch geliebt, obwohl man heute für 1.000 Schilling keine zwei Packungen Zigaretten bekommt, während man früher für 5 Schillinge zwei Kilo Schmalz, ein Klavier und einen Nerzmantel bekam. Welch Niedergang: W. A. Mozart zierte früher die 5.000-Schilling-Note, während er sich heute mit der 1-Euro-Münze begnügen muss. Von daher rührt die oft gebräuchliche Phrase vom „gefühlten Wechselkurs".

Sparefroh
Wurde durch die Einführung des Euros entleibt, erlebte Jahre später eine Wiederauferstehung mit fast 14-fachem Wert, konnte aber nicht an die frühen Erfolge anknüpfen. Schuld daran: der Bodymassindex von 13,7603! Späte Leibesfülle war schon vieler Karrieren früher Tod (siehe z. B. Elvis, Kurt Krenn).

Stadtwohnung
Besitzt der Österreicher angeblich meist nur eine, besonders wenn er Politiker ist und bescheiden zum Volke spricht. Tatsächlich verrät die Bezeichnung von vornherein, dass reichlich Heu in der Hütte vorhanden ist.

Stempelmarke
Einst ein Garant für das Überleben heimischer Trafiken, heute nur noch nostalgisches Beiwerk auf Tauf- oder Geburtsscheinen.

Streikfonds
Wurde wie die Lucona oder das Nazigold versenkt, was in allen drei Fällen zur mythischen Verklärung des österreichischen Reichtums beigetragen hat.

Thujenhecke
Die hierzulande wirkungsvollste bauliche Maßnahme, um andere auszusperren. Stinkt und sieht noch dazu scheußlich aus.

Wasser
In Österreich kommt pures Mineralwasser aus der Wasserleitung, weswegen praktisch jede österreichische Wohnung bzw. jedes Haus mit dem Vermerk „Zugang zu Heilquelle" vermietet werden darf. Vorzugsweise an AusländerInnen, die glauben das aufs Wort.

Weitere „kleine" Vermögenswerte

- Der goldene Philharmoniker
- Der Maria-Theresientaler
- Das Rabattmarkerlheft
- Die Supermarktkundenkarte
- Die Mozartkugel

Winterreifen
Da man mit den Sommerreifen fast immer auch ungestraft und unfallfrei durch den Winter kommt, hortet der Österreicher seine Winterreifen lieber in trockenen, sauberen Garagen oder Kellern.

Walzer

[Wal|zer], der, keine Mz.

Der klassische Wiener Walzer ist ein Rechtswalzer, entwickelt sich aber im Laufe des Abends und unter stetiger Alkoholzufuhr oft genug zu einem „L'amour-Hatscher". Der Linkswalzer ist eher ein Fall für fortgeschrittene Tänzerinnen und Tänzer, was wiederum dem alten österreichischen Idiom vom „rechten Trottel" recht zu geben scheint.

Der Walzer wird auf Hochzeiten, zu Silvester und auf Bällen getanzt, dient also zur Markierung von Lebensabschnittsübergängen nach dem Motto: Schwindlig in die neuen Zeiten! Schwindel ist ein gutes Stichwort, wie beim Schwindel bzw. Selbstbetrug dreht man sich auch beim Walzer im 3/4-Takt um sich selbst, bis sich die Umstände ändern – bleibt dabei aber immer am selben Fleck. Bei besonders ausgelassener Stimmung greift man seiner/seinem Tanzpartner/in aufs Popscherl oder rempelt andere Paare an. Es ist also wie im wirklichen österreichischen Leben.

Im Übrigen ist der Walzer ein Tanz, der klare Geschlechterrollen vorgibt, es gibt Herrenschritte und Frauenschritte bzw. einer führt, der andere wird geführt. Der Walzer ist somit eine der wenigen Gelegenheiten für Frauen in Österreich, die Führungsrolle zu übernehmen.

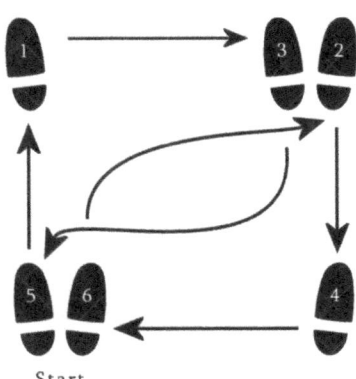

Nicht zuletzt ist der Walzer eine begehrte Position in der VOEST (vorm. Hermann-Göring-Werke).

117

Watsche

[Wat|sche], die, -n

Da Sie als Immigrant schon grundsätzlich als gewalttätig gelten, sollten Sie es vermeiden, Angehörige körperlich zu züchtigen. Zwar erheben auch Österreicher gerne mal die Hand gegen ihre undankbare Brut, aber es ist ein bisschen so wie in Ihrem Herkunftsland mit dem Sex: Man tut es, aber man vermeidet, darüber zu sprechen. Common Sense in Österreich ist, dass eine gesunde Watschen noch niemandem geschadet hat.

Einige Regeln gilt es in der Anwendung aber zu beachten: Sie sollte immer in den eigenen vier Wänden stattfinden und geräuschtechnisch die Nachbarn nicht aufschrecken. Deshalb ist auch ein Schlag auf den Hinterkopf einer klatschenden Ohrfeige vorzuziehen. Grundbedingung ist aber, dass Sie bereits in hohem Maße gesellschaftlich integriert sind. Werden Sie Mitglied der örtlichen Feuerwehr oder des Schützenvereins, um sich einen anständigen Ruf zu verschaffen! Das sollte geringere Gewaltdelikte abdecken. Oder konvertieren Sie mit Ihrer Familie zum Katholizismus: Bekanntermaßen richten Watschen auf getauften Köpfen keine bleibenden Schäden an.

Wehrpflicht

[Wehr|pflicht], die, allg., -en

Die Wehrpflicht bzw. „allgemeine Wehrpflicht" gehört zur österreichischen Erlebniskultur wie z.B. Lipizzaner, Mozartkugeln und NS-Verharmlosung. Mehr noch, die österreichische Wehrpflichtigenarmee ist auch eine Integrationsmaschine ersten Ranges und das bereits seit der Habsburger-Monarchie. Natürlich, das Heer diente damals dazu, die vielen Völker des Vielvölkerreichs unter ein gemeinsames Joch zu zwingen, nichtsdestotrotz war es multiethnisch zusammengesetzt, sogar muslimische Einheiten aus Bosnien fochten damals für die österreichische Krone.

Heute warnt Heinz-Christian Strache davor, dass ein Berufsheer zu einer „Migrantenarmee" verkommen würde und spricht sich für die Beibehaltung der Wehrpflicht aus. Auch die ÖVP ist gegen ein Berufsheer, obwohl sie früher dafür war, während die SPÖ, die früher dagegen war, jetzt dafür ist. Tatsache ist: Die allgemeine Wehrpflicht ist für die Integration von Neo-Österreichern genauso wichtig wie die zahlreichen Fußball-Nachwuchsmannschaften. Denn Migranten werden hier seitens der Obrigkeiten komplett gleich behandelt, nämlich gleich oasch! Der Autor dieser Zeilen weiß aus eigener Erfahrung: Sowohl bei Verboten („Wehe, es sogt jetzt no amoi wer Gasmasken stott Schutzmasken!") als auch bei Geboten („Duckn!") wird kein Unterschied hinsichtlich Religion, Herkunft oder Ethnizität gemacht. Sogar der Kamerad mit nigerianischen Wurzeln musste sich jene braune Tarnfarbe ins Gesicht schmieren, die exakt der Tönung seiner Haut entsprach …

Doch keine Sorge, liebe Neo-Österreicher, abgesehen davon geht es beim österreichischen Bundesheer eher gemütlich – eben österreichisch – zu. Hier fliegen selbst die Kampfflugzeuge nur bei Tageslicht und Schönwetter.

Weltoffenheit

[Welt|of|f|en|heit], die, keine Mz.

Der Österreicher liebt die weite Welt – konkret alle Badestrände und Vergnügungsetablissements dieser Welt. Vom Cluburlaub in der Türkei bis zum Männer-Trip im Baltikum ist alles drin. Besonders faszinieren ihn die schönen Strände Thailands. Dort kommt beim Erwerb von Sexualpartnerinnen auch seine Großzügigkeit zum Vorschein: Mario O. aus Wien gewährt „seiner Kanita" fünf Prozent Trinkgeld. Als Ersatzzahlung für die Alimente, wie er sagt. „Dass de Kanita letztes Jahr ned aufpasst hot, is net mei Schuid. Owa i bin a großzügiger Mensch."

Wenn das Budget einmal nicht für eine Fernreise ausreicht, kauft er am Erdberger Busbahnhof kurzerhand ein Ticket in die Ukraine. Bier, Zigaretten und handwerkliche Zärtlichkeiten sind dort ein Schnäppchen, doch seine Motivation ist eine uneigennützige: „Ohne mich tät die Darja wahrscheinlich auf der Stroßn leben", meint er. Das Trinkgeld spart er hier aber lieber, „i bin jo ned die Caritas".

Hat er einmal gar kein Geld für eine Reise, legt er sich mit einem 6er-Tragerl auf die Donauinsel. „Des is owa nimma, wie's amoi wor. Wegen de Tschuschn, eh scho wissen."

Wertebilanz

Österreichischer Werteim- u. -export

Erfolglos importierte Werte aus anderen Ländern	
	Tugendhaftigkeit
	Pünktlichkeit
	Schamgefühl
	Anstand
	Würde
	Genauigkeit
	Herzlichkeit

Erfolgreich exportierte Werte in andere Länder	
	Frömmigkeit/Katholizismus
	Erfolglosigkeit
	Weinerlichkeit/Weinseligkeit
	Jüdische Intelligenz
	Unsportlichkeit
	Wiederbetätigung
	Hypo Alpe Adria

Top-Nährwerte der österr. Regierung

Leitwerte	Cholesterinwerte
Vermögenswerte	Werthers Echte
Emissionswerte	Wahre Härte

Wie viel Österreich ...

Check deine Integrationsfortschritte ...

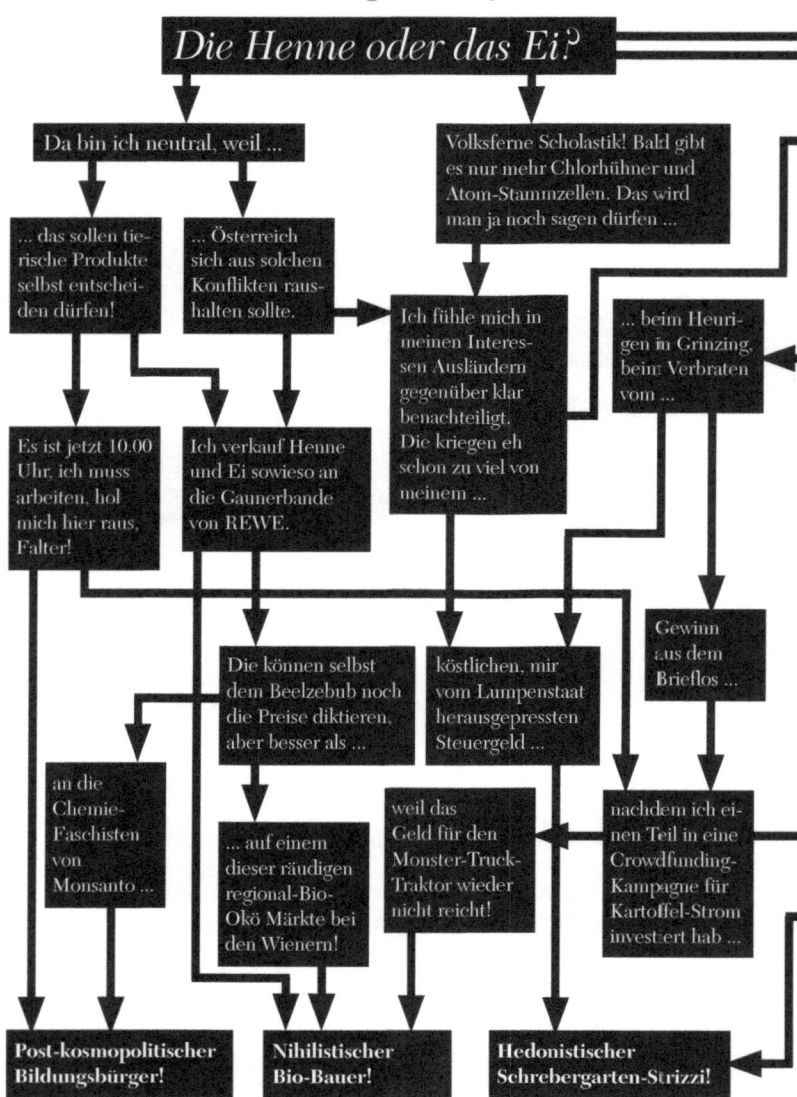

Die Henne oder das Ei?

Da bin ich neutral, weil ...

Volksferne Scholastik! Bald gibt es nur mehr Chlorhühner und Atom-Stammzellen. Das wird man ja noch sagen dürfen ...

... das sollen tierische Produkte selbst entscheiden dürfen!

... Österreich sich aus solchen Konflikten raushalten sollte.

Ich fühle mich in meinen Interessen Ausländern gegenüber klar benachteiligt. Die kriegen eh schon zu viel von meinem ...

... beim Heurigen in Grinzing, beim Verbraten vom ...

Es ist jetzt 10.00 Uhr, ich muss arbeiten, hol mich hier raus, Falter!

Ich verkauf Henne und Ei sowieso an die Gaunerbande von REWE.

Die können selbst dem Beelzebub noch die Preise diktieren, aber besser als ...

köstlichen, mir vom Lumpenstaat herausgepressten Steuergeld ...

Gewinn aus dem Brieflos ...

an die Chemie-Faschisten von Monsanto ...

... auf einem dieser räudigen regional-Bio-Okö Märkte bei den Wienern!

weil das Geld für den Monster-Truck-Traktor wieder nicht reicht!

nachdem ich einen Teil in eine Crowdfunding-Kampagne für Kartoffel-Strom investiert hab ...

Post-kosmopolitischer Bildungsbürger!

Nihilistischer Bio-Bauer!

Hedonistischer Schrebergarten-Strizzi!

...steckt in dir?

... im großen Personality-Test!

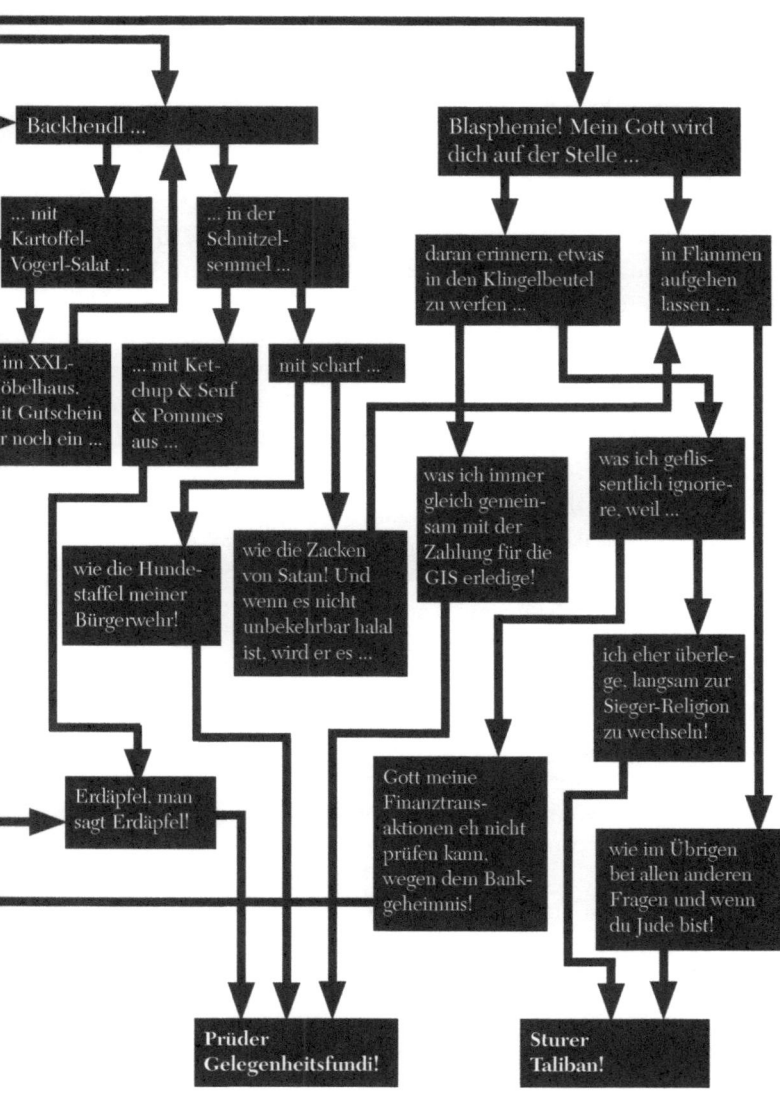

Backhendl ...

... mit Kartoffel-Vogerl-Salat ...

... in der Schnitzel-semmel ...

... im XXL-Möbelhaus. Mit Gutschein ir noch ein ...

... mit Ketchup & Senf & Pommes aus ...

mit scharf ...

wie die Hundestaffel meiner Bürgerwehr!

wie die Zacken von Satan! Und wenn es nicht unbekehrbar halal ist, wird er es ...

Erdäpfel, man sagt Erdäpfel!

Gott meine Finanztransaktionen eh nicht prüfen kann, wegen dem Bankgeheimnis!

Prüder Gelegenheitsfundi!

Blasphemie! Mein Gott wird dich auf der Stelle ...

daran erinnern, etwas in den Klingelbeutel zu werfen ...

in Flammen aufgehen lassen ...

was ich immer gleich gemeinsam mit der Zahlung für die GIS erledige!

was ich geflissentlich ignoriere, weil ...

ich eher überlege, langsam zur Sieger-Religion zu wechseln!

wie im Übrigen bei allen anderen Fragen und wenn du Jude bist!

Sturer Taliban!

Wie viel Österreich ...

[Test|auf|lö|sung], die, -en

Post-kosmopolitischer
Bildungsbürger!

Sie sind definitiv übers Ziel hinausgeschossen. Ehe und Kinder mögen Sie nur noch bei Schwulen. Mit Ihren Nährwertvorstellungen werden Sie sich in unserer Gastronomie nie zurechtfinden. Ihre Fortschrittlichkeit hört spätestens bei Errungenschaften wie dem Suppenwürfel auf, weil industrielle Fertigung so grauslich ist. Leute wie Sie dekonstruieren doch jedes funktionierende Gemeinwesen! Wenn Sie doppelte Gebühren zahlen, werden Sie zumindest subsidiär studienberechtigt und im Ö1-Club geduldet.

Nihilistischer Bio-Bauer!

Sie stehen auf Harmonie und EU-Förderungen. Grenzenlose Freiheit lehnen Sie ab, weil das auf die Milchpreise drückt. Sie haben gerade genügend Nächstenliebe, wie in einen Herrgottswinkel passt, und geben den Ferkeln Namen, bevor Sie sie verwursten. Sie sind eigentlich ein kommoder Kerl, richtig zornig machen Sie nur Borkenkäfer und die Grenze zu Südtirol. Solange die Bürokratie aber Ihre Steuererklärung auf dem Bierdeckel annimmt, schießen Sie garantiert nur auf alles, was sich im Wald bewegt. Zwischen Fasanen und Mountainbikern unterscheidet dabei höchstens der liebe Gott.

Hedonistischer Schrebergarten-Strizzi!

Top! Sie sind in der Mitte der österreichischen Gesellschaft angelangt! Ihre Wertvorstellungen gründen sich zuallererst auf Fleisch. Gemüse ist für Sie das Gurkerl in der Semmel oder Hermann Maier nach seinem Motorradunfall. Ehrlichkeit ist Ihnen wichtig, deshalb erzählen Sie Ihrer Lieblingsprostituierten auch davon, wenn Sie manchmal noch mit Ihrer Frau schlafen. Der „Tatort" am Sonntag ist Ihr einziges wiederkehrendes Gewaltmuster. Prinzipiell sollen Sie alle Menschen in Ruh lassen, unabhängig von ihrer Hautfarbe, Religion oder Herkunft. Zäune finden Sie eine gute Sache, immerhin leben Sie mit Ihrer Thujenhecke auch hinter einem.

Prüder Gelegenheitsfundi!

Die Gerechtigkeit wird doch den ganzen Tag von nackten Hippie-Füßen getreten! Sie mögen Ihre Demokratie daher wehrhaft und haben als Kind schon gern Räuber und Gendarm gespielt. Oft haben Sie dazu Ihren größten Super-Soaker mitgebracht und die anderen Kinder Schutzgeld zahlen lassen (Protektionismus). Sie mögen Ordnung und Autorität. Sie hassen Überfremdung und Smoothies. Es muss sich nicht immer alles mischen. Im Zweifel lassen Sie die Socken an, nackte Haut soll sich auf den Korridor zwischen Knöchel und Knie beschränken. Dieser kleine Liberalismus grenzt Sie auch vom Taliban ab. Denn mit einem haben die ja recht: Wenn alle Weiber heute so nackt rumlaufen wie Shakira, braucht sich keine wundern.

Sturer Taliban!

Sind wir uns ehrlich, da sind Hopfen und Hummus verloren. Ihre Stammtischparolen zitieren Sie aus der Scharia statt aus der Kronen Zeitung. Sie kennen keines unserer traditionellen Lieder („Last Christmas"), finden grüne Buntstifte mehr haram als blaue und holen sich im Zweifelsfall Rat beim Dr. Sunna Team. Sie sind so frauenfeindlich, dass Sie nicht einmal Blondinenwitze machen. Unser beliebtes Sudern liegt Ihnen fern, weil Sie es für ein schlechtes Angriffsziel in Afrika halten. Kommen Sie wieder, aber bitte nur mit Schwedenbomben bewaffnet.

Wiederbetätigung

[Wie|der|be|tät|ig|ung], die, -en

Meint den Straftatbestand der Beförderung nationalsozialisti-
scher Ideen durch Gutheißung, Fortführung der Aktivitäten,
Wiederaufnahme derselben, Zurverfügungstellung von Geld- und
Sachmitteln für die nationalsozialistische Sache. Auch das Leugnen von Verbrechen des Nationalsozialismus wird darunter ver-
standen. Nicht darunter fallen Brandanschläge auf Flüchtlings-
unterkünfte, deren Leugnen oder Gutheißen, Verharmlosung des
Holocaust, hakenkreuzförmige Torten, Hitlergrüße auf → *Partei*-
veranstaltungen und Gewalt gegen Randgruppen. Österreich zer-
fällt also, was Wiederbetätigung betrifft, in zwei Teile – einen, der
nicht darüber reden will, und einen, der es nicht kann.

Ergo kann es prinzipiell keine Wiederbetätigung in Österreich
geben. Umso wichtiger ist es, sie als einen österreichischen Wert
zu betrachten. Im Vergleich zu Mozartkugeln und Bratlfettn
(Schweinsfett mit Schweinssaft und Schweinefleisch) ist sie ein
sehr junger Wert. Sie entstand 1945 in einem Klima der Angst,
als man annahm, dass „die Russen" sich rächen würden. Das war
nicht unberechtigt. Schließlich wussten alle, was ÖsterreicherInnen den RussInnen angetan haben. Trotzdem haben „die Russen"
sich nicht gerächt. Stattdessen kauften sie Tirol und sorgten dafür,
dass auf den entlegenen Hütten jetzt kein Platz für Wiederbetätigung ist.

Auch die Wiederbetätigung ist modischen Veränderungen unter-
worfen. Das ist jedoch nur ein Beweis dafür, dass sie immer noch
gelebt wird. Nicht immer, aber immer öfter.

Willkommenskultur

[Will|kom|mens|kul|tur], die, keine Mz.

Den relativ jungen Wertebegriff Willkommenskultur teilen sich die Österreicher geschwisterlich mit den Deutschen. Von der Kanzlerin Angela Merkel stammt der Anstoß, jene Geste der Großzügigkeit, als sie angesichts anstürmender Flüchtlingswellen meinte: „Wir schaffen das!" (Zum Vergleich: ein österreichischer Politiker hätte maximal gesagt: „Wir könnten das schaffen!") Danach mussten sich die Österreicher eigentlich nur noch an die Grenzen und zu diversen Bahnhöfen stellen, um die herbeiströmenden Flüchtlinge zu empfangen. Darüber freuten sich diese sehr, denn in vielen Ländern am Balkan waren urplötzlich Züge und Busse kaputtgegangen, weswegen die Flüchtlinge den ganzen langen Weg zu Fuß marschieren mussten. Völlig fix und foxi kamen sie an der österreichischen Grenze an und fielen den freiwilligen Helfern dankbar um die Hälse. „So viel Dankbarkeit, also echt jetzt, das habe ich mir mein ganzes Leben lang gewünscht", dachten sich viele Helfer begeistert und träumten von einer besseren Welt. Weniger später halfen sie den Flüchtlingen in die Busse und Züge, die sie nach Deutschland brachten.

Dort streitet man sich seither darum, wer sich um all diese Menschen kümmern soll, und wie man überhaupt so etwas Bescheuertes wie Humanität versprechen konnte. Da könnten ja alle kommen! Schnell baute man Stacheldrahtzäune, schickte bewaffnete Boote übers Mittelmeer und machte die Schotten, von denen man seit Jahren schon sagte, dass sie nun dicht seien, noch dichter! Kein Mensch will seither in Deutschland – und noch weniger in Europa – etwas von einer „Willkommenskultur" hören. Nur in Österreich sieht man das alles gechillter. „Waren ja eh keine so große Belastung, diese Flüchtlinge. Könnten wir auch heute noch schaffen."

Wintersport

[Win|ter|sport], der, keine Mz.

Der Österreicher gilt nicht gerade als dynamischster Vertreter seiner Gattung. Im Winter bewegt er sich ganz gern, doch grundsätzlich eher gemächlich – vom Schweinsmedaillon zur Skimedaille. Die zählt er immer und immer wieder, das hat etwas leicht autistisches, aber auch Dagobert Duck zählt sein Gold nicht ohne Grund. 1 Gold kann dir bekanntlich oft 1 Leben kaufen. Apropos kaufen: die wichtigste Vorbereitungshandlung im Wintersport, um den Körper für den Ernstfall richtiger Bewegung hochzurüsten. Im stylishen Sportgeschäft braucht es aber definitiv mehr als 1 Gold.

Warum dieser Luxus? Nun, Papst Ambros I. hat vor langer Zeit Skifahren für leiwand erklärt (ö.-orthodox für „heilig"). Man schnallt sich dafür lange Latten an die Füße und lässt sich um teures Geld von fahrenden Kleiderbügeln einen Berg hochziehen (sog. Lifting). Aufgrund eines speziellen Gens (das Skitourengehn) sind manche dazu selbst in der Lage. Dann rast man den Hang hinunter, mal kess wedelnd, mal pistensäuisch gierig. Die Natur ist doch am schönsten, wenn sie schnell vorüber ist.

Skifahren ist Nationalsport, Nationalstolz, Nationalheiligtum. Keine Frage also, dass Sie nach erfolgreicher Absolvierung einer zweistelligen Anzahl von Deutschkursen auch einen Skikurs machen müssen. Es ist diese alpine Nahtoderfahrung, Schnee und Eis (das Tschisi), die den Österreicher formt. Im Skikurs lernt man, mit spitzen Stahlkanten Schlitze in Berge zu ziehen. Die beste Technik haben da bekanntlich schlagende Burschenschafter. Wenn kein Burschenschafter mit Ihnen üben mag, helfen Sie sich mit einem Foto-Almanach klassischer Skisportverletzungen. Im Ernst! Eine typische Skipiste gleicht einem Schlachtfeld! Nur dass die Verwundeten in neonfarbenes Plastik bluten und Schneekanonen nicht ganz so viel Chemie verschießen wie jene von Assad.

Wer es dennoch unverletzt vom Tellerlift ins nächstgelegene Kulturzentrum (die Schirmbar) geschafft hat, ist aus dem Schneider. Legen Sie die Schnallen Ihrer Skischuhe um, das sind die Kippschalter der Enthemmung. Dann wird der letzte Rest Natur mit Schnaps abgeführt und man beginnt verschmust den dauergeilen Skilehrer zu kraulen – der wird schließlich dafür bezahlt und will das so. Wie Sekretärinnen und Hausfrauen. Denn schon der alte Volksweise Adolf Gabalier wusste einst: „Fesche Madl brauchen flotte Buam holero, zum Zuwadruckn, Liabm und zum Gspian". Und so trifft man sich am Ende eines tollen Skitages dampfend und dämmrig im schönsten aller heimischen Wintersportorte: unter der Gürtellinie.

Skifahren ist der Wochenend-Blitzkrieg des StPO-konformen Mittelstands.

Zahlenwerte

Österreich in österreichischen Zahlen

1/8 „A Ochtl."

0,3 „A Seidl."*

1 „Ans homma imma nu drunga."

1 „A Lita fia de Musi!"

13,76 „Da Schilling!"

1938 „Do haumma vo nix was gwusst."

1989 „Des haumma scho imma gwusst."

8.000.000 „De Steiazola."

19.000.000.000 „Mei, de Hypo!"

---

* Europaweit ein großes Bier, in Österreich „ein kleines Bier"

11 Vorurteile, ...

... die Sie noch nicht kannten*

1.	Ausländer schwimmen nicht automatisch obenauf.
2.	Pick-up-Artists sind auch nur Schlepper.
3.	Freie Radikale gibt's bei uns nur in der Pfanne.
4.	Bananen wachsen nicht auf Bahnhöfen.
5.	Chinesische Fernseher waren immer schon 16:9.
6.	In der Ferne knurrt der Magen leiser.
7.	In Österreich trägt man Salafistenbärte nur unter der Gürtellinie.
8.	Geiz macht auch den Moslem geil.
9.	Auch Bimbos haben Mütter.
10.	Neid buckelt auch nach oben.
11.	Joseph II hat die Smartphone-Nutzung nicht auf Österreich beschränkt.

---

* Entschuldigen Sie, dass auch dieser Beitrag nicht korrekt gereiht ist.

Zeitmaße ...

... auf gut Österreichisch

Wer zu spät kommt, den bestraft das Leben, heißt es, aber in Österreich kann man auf jeden Fall immer „ein paar Minuten" dazurechnen. Das nennt man hierzulande das „akademische Viertel", welches jedoch niemals eine Viertelstunde lang ist, ja, wahlweise sogar einen „Gspritzten" danach meinen kann. Auch ist die akademische Viertelstunde nicht nur Akademikern vorbehalten, doch diese kennen immerhin die passende lateinische Floskel „Cum tempore, kummt Rat".

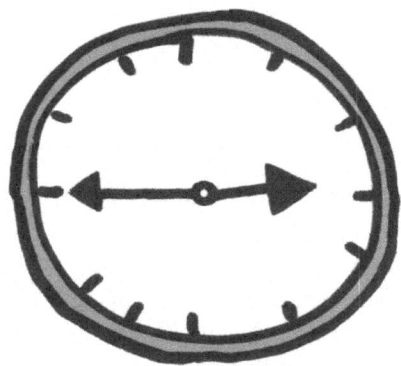

Es ist selbstverständlich Viertel vor drei!

Fest steht: Der Österreicher verwendet Zeitangaben nur, um sich nicht festlegen zu müssen. „Komme gleich" etwa ist ein unbestimmtes Zeitmaß, denn dieses „gleich" kann von „in fünf Minuten" bis zu „in ein paar Stunden" alles bedeuten. Darum ist dem Österreicher oft auch vieles zu „gach" (= „schnell"), und darum liebt der Österreicher den Konjunktiv. „I warat jetzt do" ist eine häufig verwendete Aussage, die offen lässt, ob man bereits da ist, gleich kommt oder womöglich nie kommen wird. Die Streitfrage, ob es „Viertel vor 9" oder „Dreiviertel 9" „bzw. „Viertel über" oder „Viertel nach" heißt, kann in diesem Kontext als typisch österreichische Verschleierungstaktik entlarvt werden. Sicher ist allerdings, dass ein „Viertel über" zugleich das Viertel Wein über der „offiziellen" Fahrtüchtigkeit meint.

Die Amtsstunde ist ein weiteres unpräzises Zeitmaß, je nachdem, ob man warten muss oder bereits dran ist; in ersterem Fall umfasst

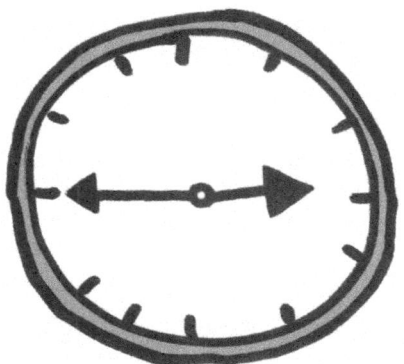

Es ist selbstverständlich dreiviertel drei!

die Amtsstunde eine Ewigkeit, in letzterem Fall bloß einen Augenblick. Ähnlich bezeichnet „das 1000-jährige Reich" in Deutschland eine Zeitspanne von 12 Jahren, in Österreich hingegen 8 Jahre, die nie wirklich stattgefunden haben, aber in manchen heimischen Kellern bis heute andauern.

Die einzige Zeitangabe, die dem Österreicher wirklich Respekt abverlangt, wenn nicht gar nackte Panik einflößt, ist die Sperrstunde. Doch auch die ist relativ.

Zivilcourage

[Zi|vil|cou|ra|ge], die, keine Mz.

Zivilcourage meint, sich für Menschen einzusetzen. Das macht bei uns schon der Staat, deswegen können wir uns getrost darauf konzentrieren, ihn dabei zu unterstützen. Wer's nötig hat, sich in die Eheprügelei der Wotrubas nebenan einzumischen, hat offenkundig kein Privatleben und keine Ahnung. Es gibt Frauenhäuser, mutige Polizeibeamte und nicht zuletzt den lieben Gott. Kein Grund also, aus der Rolle zu fallen! Selbstermächtigung und Widerständlertum müffeln stets ein bisschen nach Langzeitstudium und haben uns bislang nur ein dahinrottendes Atomkraftwerk beschert. Wir leben Zivilcourage daher lieber als engagierte Anpassungsleistung an das Wohl aller und weisen Abweichler couragiert in die Schranken: Zivilcourage bedeutet, jemanden mit 140 km/h („Zehn Perzent Toleranzgrenze!") rechts zu überholen (damit er was lernt!), aber auch, an das Wohl von Benachteiligten zu denken, und dem Flüchtlingskind zumindest eine Milchschnitte zuzuwerfen, wenn schon kein Asyl.

Haltung und Courage finden alle politischen Parteien wichtig, die ÖVP nennt das „Dollfuß", die FPÖ greift lieber zu Mistgabeln. Die Entrüsteten rüsteten sich hierzulange schon seit jeher weniger mit Prinzipien als mit Bürgerwehren. Zivilcourage hat halt, wie alles Französische, etwas Schwulstiges. Deshalb reden wir lieber von „Einsatz". Setzen Sie sich ein für das österreichische Volk, denn nichts ist so strahlend wie die Zukunft, die wir uns ausmalen, wenn wir davon reden, was wir tun würden, wenn wir müssten, wie wir könnten!

Notieren Sie sich zumindest drei der folgenden Beispiele rot-weiß-roter Zivilcourage:

1. Bürgermeister Fritz Knotzer ließ mit Rettungs- und Feuerwehrfahrzeugen alle Zufahrten nach Traiskirchen blockieren, um die Aufnahme weiterer Flüchtlinge zu verhindern.

2. Jörg Haiders Bungeejumping-Sprung.

3. HC Straches Bungeejumping-Sprung.

4. Andreas Hofers Widerstand gegen die Alphabetisierung.

5. Der Widerstand auf FPÖ-Plakaten gegen das Alphabet an sich.

6. Ernst Strassers Tätigkeit als EU-Parlamentarier.

7. Kurt Waldheims Widerstand gegen sein eigenes Gedächtnis.

Glossar
Alle Werte im Überblick

Anstand – *kennt der Österreicher, besitzt ihn aber selten.*

Alkohol – *bringt den Österreicher oft in Verlegenheit.*

Alufolie – *ist die Tupperparty des kleinen Mannes.*

Antisemitismus – *Wer weiß denn noch, was Semiten sind? Viele Österreicher jedenfalls nicht.*

Arschkriechen – *schlecht für die Bandscheiben, gut für die Karriere.*

Atomabstinenz – *Wenn er will, kann der Österreicher auch verzichten. Vor allem aufs Atom.*

Belesenheit – *ist des gebildeten Österreichers Zierde.*

Berge – *glänzen durch Höhe und viel Landschaft.*

Berufswahl – *ist wichtig, wenn man einen Beruf wählen will.*

Deitsch – *spricht der Österreicher, der Deutsche hingegen spricht „Deutsch".*

Delegieren – *eine sehr geschätzte Fähigkeit im Staate Österreich.*

Ehrgeiz – *unterscheidet den Streberarsch vom Owizahrer.*

Ehrlichkeit – *praktiziert der Österreicher in Form von Anstand oder Höflichkeit.*

Ewiger Nazi – *streift mit krummer Gesinnung und NLP-gestähltem Geplapper umher.*

Fleiß – *siehe Ehrgeiz.*

Freiheit – *nimmt und gönnt sich der Österreicher gerne.*

Fremdenhass – *kennt der Österreicher kaum. Wenn er jemanden hasst, dann seinen Nachbarn.*

Freundlichkeit – *kommt in Österreich immer mit einem Schas daher.*

Freunderlwirtschaft – *ist ein anderes Wort für Sozialdemokratie.*

Geiz – *Warum haben die österreichischen Bauern so große Nasen? Weil die Luft gratis ist. Und warum bekommen sie kein Aids? Weil man das nicht im Lagerhaus kriegt.*

Geilheit – *kennt der Österreicher vor allem vom Fernsehen.*

Gemütlichkeit – *unterschätzt der Österreicher niemals.*

Geschwisterlichkeit – *ist ohne ausgebautes Kellerabteil kaum denkbar.*

Gleichheit – *herrscht vor dem Gesetz. Und auf dem Papier.*

Großzügigkeit – *macht den Österreicher zum Spendenweltmeister und GIS-Hasser.*

Grünlichkeit – *ist manchem eine Religion.*

Gschaftlhuabern – *bedeutet: „Große Klappe, nichts dahinter".*

Hausverstand – *funktioniert nicht in Hütten, Villen, Wohnblöcken und anderen Scheußlichkeiten.*

Heimat – *ist für den Österreicher ein stilles Örtchen oder ein weiches Bett.*

Homophilie – *trägt in Österreich einen Bart.*

Höflichkeit – *ist ein zweischneidiges Schwert.*

Integration – *ist kein zweischneidiges Schwert. Und funktioniert darum ausschließlich einseitig.*

Leberkäsesemmel – *ist der österreichische Snackfundamentalist.*

Kartenspiele – *sind des Österreichers liebstes – und oft gefährlichstes – Laster.*

Kavaliersdelikt(e) – *sind immer und überall anzutreffen.*

Kurschatten – *sind unheilbar, dafür aber unheilvoll.*

Mahlzeit – *ist praktisch immer in Österreich. Darum auch eine sehr beliebte Grußformel.*

Minderheiten – *haben des Österreichers einsprachige Aufmerksamkeit.*

Musikalität – *besitzt der Österreicher durch und durch. Ist ihm aber wurscht.*

Naturverbundenheit – *genießt der Österreicher am liebsten auf der Wohnzimmercouch.*

Nächstenliebe – *ebenso.*

Nährwerte – *sind die einzigen Werte, auf die der Österreicher täglich schaut.*

Neid – *brodelt im Österreicher meist schon frühmorgens.*

Nestbeschmutzung – *ist eine Unsitte, die manchen rechten Vogel recht empört.*

Neutralität – *ist dem Österreicher nicht wurscht. Der Rest eher doch.*

Glossar

Fortsetzung

Obrigkeitshörigkeit – *meint: die fütternde Hand niemals zu beißen (und kommt in diesem Buch übrigens nicht vor)*

Opferbereitschaft – *ist dem Österreicher praktisch in die Wiege gelegt.*

Panier – *ist eine knusprige Speisehülle und zugleich des Österreichers höchste Gaumenfreude.*

Patriotismus – *wäre eigentlich harmlos, wenn es keine Patrioten gäbe.*

Partei – *ist angeblich eine Art politische Vereinsorganisation.*

Pfusch – *ist halb so tragisch, wenn man ihn unter den Teppich kehren kann.*

Proporz – *ist Teil der politischen DNA des Österreichers.*

Provisorium – *ist österreichisch für „Dauerzustand".*

Respekt – *muss man sich hierzulande verdienen. Oft mit Bestechung.*

Rücksichtnahme – *ist jedenfalls etwas, das mit Nehmen zu tun hat.*

Sauberkeit – *verlangt nach bunten Mülltonnen.*

Schlendrian – *kehrt so gerne ein, wie der Österreicher selbst.*

Schnäuzen – *und kämmen („kampeln") muss sich jeder Österreicher.*

Schummeln – *kann der Österreicher schon auch, andernfalls wär' er ja ein Pedant.*

Selbstdisziplin – *verlangt der Österreicher gerne, hat sie aber selten.*

Sonntagsruhe – *muss sein!*

Sportnachmittag – *ist ein rein metaphorischer Begriff.*

Spontaneität – *heißt, dass sich der Österreicher hin und wieder selbst überrascht.*

Streitkultur – *ist recht umstritten in Österreich.*

Subsidiarität – *meint auf gut Österreichisch: „Kann das nicht wer anderer machen!"*

Sudern – *ist die elementare Gemütsverfassung des Österreichers.*

Tierliebe – *ist das Amen im österreichischen Herzensgebet.*

Titelgeilheit – *ist nur ein Gerücht. Sagt Univ.-Prof. Dr. Dr. Dipl.-Ing. Gerhard Strunz, freier Autor und Leserbriefschreiber.*

Tod – *ereilt jeden. Nicht nur in Österreich.*

Toleranz – *nach Günther Tolar benannt (toler Wortwitz).*

Treue – *kennt der Österreicher vor allem gegenüber Tieren, Gegenständen und eigenen Unpässlichkeiten.*

Unbestechlichkeit – *ist die österreichische Suche nach der Nadel im Heuhaufen.*

Unternehmertum – *ist eine aussterbende Tugend und darum oft nur noch schwarze Fantasie.*

Verlieren – *siehe Hansi Orsolics, Tony Wegas, Thomas Forstner, The Makemakes, Adolf Hitler.*

Vermögenswerte – *umfasst vom Sparbuch bis zum Schilling alles, was dem Österreicher teuer ist.*

Walzer – *ist der königliche Groove der Österreicher. Freilich ohne König.*

Watsche – *gilt als ausgediente Erziehungsmaßnahme und erfreut sich daher nostalgischer Beliebtheit.*

Wehrpflicht – *klingt in Österreich wesentlich ärger, als sie ist.*

Weltoffenheit – *ist eine historische Hypothek der Österreicher, leider oft genug verdrängt.*

Wiederbetätigung – *gibt es seit 1945. Nicht immer. Aber immer öfter.*

Willkommenskultur – *ist der deutsche Kern eines österreichischen Pudels.*

Wintersport – *umschreibt den wahren Horror österreichischer Freizeitgestaltung.*

Zivilcourage – *besitzt der Österreicher nur pro forma.*

Ellbogen & Zäune

So etwas wie ein Nachwort

Sie haben an ein paar Stellen gelacht, Sie haben sich auch geärgert über manches Geblödel auf diesen Seiten, aber letztendlich sind Sie zum Schluss gekommen, dass es keinen tieferen Sinn in dem bunten Wertetreiben dieses Buches gibt? Gut, das sei Ihnen unbenommen. Aber treten Sie einen Schritt zurück, blicken Sie auf das große Ganze, wir holen inzwischen unseren großen Zauberstab aus dem Befindlichkeitenkeller und stellen eine harmlose Frage:

Wo so nachdrücklich von Abgrenzung und Abschottung die Rede ist, ist es da nicht umso bezeichnender, dass die Werte, die man zu bewahren vorgibt und die man Neuankömmlingen unter die Nase reibt, nur aus einer Handvoll Unterlassungsandrohungen und einigen neoliberalen Spielregeln bestehen? Werte, die im Grunde darauf hinauslaufen, dass man den Einzelnen und seinen Besitz zu ehren und zu achten hat, dass man bloß niemandem etwas wegzunehmen trachte oder gar irgendwelche private Grenzen verletze. Auch Religion und Ethik generell werden unter diesem Nenner gesehen, es sind eher Hobbys, die man nebenher betreibt, etwas, das man sich zulegt, wenn man es sich leisten kann. Aber in erster Linie schützt man das, was man hat.

Darum gibt es auch keine Utopie mehr im europäischen Wertebecken, keine hoffnungsfrohe Richtung, in die unsere Gesellschaft noch gehen könnte. Und das darf nicht verwundern, schließlich sind wir ja längst im Schlaraffenland, im wohlstandsfeilen Himmel auf Erden, bloß mit dem kleinen, gerne verdrängten Umstand, dass wir dieses Schlaraffenland auf Kosten der Armut um uns herum erbaut haben.

Doch nun kommen die Menschen aus ebendiesen traurigen Verliererländern und wollen auch ein Stück vom Kuchen. Und wir

Merke: Internettrolle ernähren sich von gestohlenen Snickers.

rufen ihnen zu: Seid gemäßigt, seid artig, seid lieb, denn wir sind ja auch so lieb! Mei, sind wir lieb! Immer schon gewesen, gell? Und dabei sitzen wir auf unserem Haufen Gold und Sparbücher und Edelgadgets, und reden, jetzt, wo es nichts mehr zum Herumschubsen und Drängeln gibt, vom Verzicht der Ellbogen, von Friede und Mäßigung. Einzige Ausnahme: Wenn uns jemand diesen Haufen Gold und Gemütlichkeit, auf dem wir thronen, madig machen will. Dann hagelt es Zäune und Schießbefehle ... nein, nicht bei uns natürlich, aber irgendwo da unten in dieser korrupten Türkei oder in diesem zerbombten Syrien ... dort fällt es ja auch gar nicht weiter auf. Das ist der eigentliche, der zynische Kern der aktuellen Wertedebatte: die Abschiebung von allem, was uns nicht genehm ist oder uns die gute Laune verderben könnte.

Mag sein, dass das jetzt gallig bis zum Exzess klingt, aber wer hat denn behauptet, dass Satire nur dazu da ist, um sich auf die Schenkel zu klopfen? Und keine Sorge: Wenn Sie jetzt total empört sind, empfehlen wir Ihnen, bei nächster Gelegenheit einfach wieder total betroffen zu sein, etwa wenn ein Flüchtling einen Snickersriegel stiehlt, und ein Haufen Meinungstrolle darin den Untergang des Abendlandes besiegelt sieht ...

Und wir verraten Ihnen noch etwas: Was wäre ein Kompendium über österreichische Werte, würde es keine schwarzhumorige Selbstanklage inkludieren? Ja, wie anders könnte man sich in Österreich integrieren, als durch die Fähigkeit, tief in den finstersten Grund der eigenen Schlechtigkeit zu schauen und am Ende doch darüber zu lachen? In diesem Sinne: Nur weiter so! Bleiben Sie Österreicher! Oder werden Sie einer, wenn Sie das alles immer noch nicht abgeschreckt hat. Refugees welcome!

Autor_innen
Die Delinquenten

Zusammen oder getrennt? Wenn es im Gasthaus ans Zahlen geht, entkommen Sie dieser Frage nicht. Und weil es im Autorenverzeichnis ebenso um Zahlen geht – gemeint sind die Seitenzahlen der Texte, nicht etwa Honorare für Autoren. Honorare für Autoren in Österreich, hahaha! –, haben auch wir uns diese Frage gestellt und sind zu dem Schluss gekommen, dass HYDRA schon immer eine Einheit war, trotz ihrer vielen kreativen Köpfe. So unterschiedlich manche Texte sein mögen, am Ende macht genau diese Vielfältigkeit die HYDRA aus. Deshalb haben wir uns entschieden: ob Lob oder Kritik, ob Anfeindungen oder Liebesbekundungen, wir stehen alle für dieses Machwerk ... zusammen!

Wir, das sind:

Curt Cuisine
wurde auf der Flucht von seinem Bruder Nouvelle getrennt, der weltweit in aller Munde ist. Er selbst lebt heute in einer Notunterkunft für erfolglose Asylwerber aus Satiristan.

Gregor Fröhlich
wurde von der Krisenstimmung nach Lettland vertrieben und kann sich nun rühmen, es im Leben zumindest 1500 Kilometer weit gebracht zu haben.

Ulrike Haidacher
lebt, arbeitet und produziert gut integriert zwischen Ost- und Westeuropa. Ob als echte Österreicherin oder nicht, ist ihr eigentlich wurst. Mmmh, Wurst!

Bakri Hallak
hat viele Cousins und Cousinen, das sind ihm viele neidig. Darum musste ihm „Hydra" die Staatsbürgerschaft von Satiristan verleihen. Gnadenhalber.

Stefan Kalnoky
lebt, arbeitet, kickt und denkt im Grünen. Dies allerdings sehr gründlich.

Bibi Kaufmann
Ein einziger Opa reichte aus, um Generationen von Petrowitz und Karlowatz wegzuheiraten. So wurde Klein-Bibi früh zum richtigen Mann.

Jürgen Miedl
ist mit problematischem Migrationshintergrund (Halb-Piefke) in der Obersteiermark, der Dritten Welt Österreichs, aufgewachsen. Erst HYDRA konnte ihm seine wahre Heimat zeigen: die unbezahlte Satire.

Gerd Millmann
spricht nach Jahren der vergeblichen Integration in Österreich immer noch nur bruchstückhaft Deitsch.

Peter Raritäter
kennt keine Grenzen, weder untenrum noch obenrum noch mit ganz viel Rum.

Steveland Rosskastanie
wurde von Carolus Clusius über das Ötscherland nach Wien eingeschleppt, wo er mit der Zeit tiefe Wurzeln schlug und seither prächtige Blüten treibt.

Tom Schandl
hat es aufgrund selbstgewählten Nomadentums ins Reich der Improvisation verschlagen.

Bartlomiej Szatkowski
ist polnischer als die Polizei erlaubt – und als Altösterreicher natürlich ein stets gern gesehener Gast hierzulande.

Andreas Wiesenhofer
ursprünglich aus Niederösterreich emigriert, darf nur in Begleitung entsprechender Begleitpersonen bei der „Hydra" vorsprechen.

Vanessa Wieser
findet als heimatlose Verlegerin ihre liebste Zuflucht in Büchern.

Maximilian Zirkowitsch
wurde eingedeutscht, damit er nicht mehr so integrationsbedürftig daherkommt. Freund_innen kennen ihn als Jasowiemanssagt, Bekannte als Darfichsbuchstabieren.

PS: Vielen Dank an Daniel Jokesch für seinen Cartoon Thujelix Austria (im Bildteil) und an Michael Brandmayr für seinen Beitrag zur → Tierliebe.

Oder sind Sie doch eher der Getrennt-Typ? Die Zuordnung aller Texte zu den jeweiligen Autoren sowie alle anderen schmutzigen Informationen zu HYDRA finden Sie online auf *hydrazine.at*

Umschlaggestaltung: Jörg Vogeltanz, www.vogeltanz.at
Druck und Bindung: Clausen & Bosse GmbH, Leck
© 3. Auflage Milena Verlag 2017
A–1080 Wien, Wickenburggasse 21/1–2
ALLE RECHTE VORBEHALTEN
www.milena-verlag.at
ISBN 978-3-90295-085-7

**Weitere Titel und unser Gesamtverzeichnis
finden Sie auf www.milena-verlag.at**